信息学进阶

宋新波 主　编
熊　超　陈智敏　黄细光 副主编

清华大学出版社
北　京

内容简介

本书为创客教育系列丛书的高中第三册，共分为7章，涵盖了高中信息学竞赛的所有知识点。内容描述力求化繁为简，深入浅出，针对每个重要的知识点配以经典实例进行精心剖析，结合清晰的代码及生动的文字、画龙点睛的注解，力求通俗易懂。

本书由全国著名信息学国际金牌教练、NOI钻石教师宋新波老师主笔，NOI金牌教师熊超等老师参与编写，与创客教育教材初中第三册《信息学初步》一脉相承，是初中版基础上的深化与拓展，属于发展性课程及研究性课程范畴，因而本书不再重复信息学基本知识，主要侧重于算法、数据结构专题，假如你是一名初学者，强烈建议先阅读《信息学初步》。

本书为创客教育系列丛书高中第三册，适合高中三年级学生阅读使用。

本书封面贴有清华大学出版社防伪标签，无标签者不得销售。
版权所有，侵权必究。侵权举报电话：010-62782989

图书在版编目(CIP)数据

信息学进阶 / 宋新波主编. —北京：清华大学出版社，2020.7
（创客教育系列丛书）
ISBN 978-7-302-55993-1

Ⅰ. ①信… Ⅱ. ①宋… Ⅲ. ①信息技术—高中—教学参考资料 Ⅳ. ①G634.673

中国版本图书馆CIP数据核字(2020)第121783号

责任编辑：张　瑜
装帧设计：杨玉兰
责任校对：周剑云
责任印制：沈　露

出版发行：清华大学出版社
网　　址：http://www.tup.com.cn, http://www.wqbook.com
地　　址：北京清华大学学研大厦A座
邮　　编：100084
社 总 机：010-62770175
邮　　购：010-62786544
投稿与读者服务：010-62776969, c-service@tup.tsinghua.edu.cn
质量反馈：010-62772015, zhiliang@tup.tsinghua.edu.cn

印 装 者：三河市铭诚印务有限公司
经　　销：全国新华书店
开　　本：210mm×285mm　　印　张：11.5　　字　数：276千字
版　　次：2020年8月第1版　　印　次：2020年8月第1次印刷
定　　价：49.80元

产品编号：088179-01

序

全球化和人工智能、大数据、区块链等技术的飞速发展，正在深刻改变着人才需求和教育形态，促使学生掌握在21世纪生存与成功所需的知识与技能，它们被称为21世纪的高阶思维技能、更深层次的学习能力以及复杂的思维和沟通技能。创客教育与STEM教育作为跨学科综合教育的有效形态，在全球范围内，特别是在美国、英国、德国、以色列、芬兰、日本等发达国家，已被提升到国家发展及人才战略的高度。近年来，STEM教育理念在我国也越来越受到广泛重视并达成共识，其优越性体现在以下方面。

一是用知识解决问题。学生需要应用知识和技能，并且必须能够将知识和技能、学习和能力、惰性学习和主动学习、创造性和适应性的学习转化为有价值的高阶思维的分析、评价与创造。

二是批判性思维。批判性思维被认为是21世纪学习的基础，包括对信息的获取、分析和综合，并可以被教授、练习和掌握。批判性思维还利用了其他技能，如交流、信息素养能力，以及检验、分析、解释和评估证据的能力。

三是问题解决能力。21世纪学生的另一个基本能力是解决问题，研究和解决问题的技能包括识别和搜索、选择、评估、组织和权衡备选方案和解释信息的能力。

四是沟通与协作。良好的沟通能力，包括口头和书面表达令人信服的想法的能力，能提出明确的意见，能接受连贯的指示，并通过言语激励他人，这些能力在工作场所和公共生活中都被高度重视。规范的合作学习需要改变课程、教学、评估实践、学习环境和教师的专业发展，21世纪的合作将在学校内部、学校之间、学校内外的沟通之间发展。

五是创新与创造力。在全球化竞争和任务自动化的今天，创新能力和创新精神正在迅速成为职业和个人成功的必要条件，勇于"抓住"问题和实践探究"开拓新领域"的能力，激发新的思维方式，提出新的想法和解决方案，提出不熟悉的问题，并得出意想不到的答案，进一步激发创新和创造力。

六是基于项目和问题的探究式学习是 21 世纪教与学的核心，是实现 21 世纪教育目标的理想教学模式。学生们通过设计和构造现实生活中问题的实际解决方案来学习，在小组合作中，学生将开展跨学科知识融合与研究，对项目的不同部分负责，互相评价对方的工作并创造出专业的高质量产品，这将有助于培养学生在现实世界中解决问题的能力。

国内对 STEM 课程的研究还处于起步阶段，存在概念理解偏差、课程设置不完善以及师资力量不足等问题。一些技术驱动的创客内容，脱离了教育本质，未能以核心素养为本推动学生内在发展。虽然国内也出现了许多课程，如机器人、3D 打印、编程等，但大多呈现出碎片化的状态，没有形成一套完整的课程可供大家参考和借鉴。针对这种情况，"创客教育系列丛书"力求以系统化、可持续、可评价的方式开展 STEM 教育和创客教育的理论研究与实践探索，研发了一套 STEM 教育和创客教育的系统化课程，完成了从小学、初中到高中的有效衔接，以落实基于 21 世纪核心素养人才的培养方案。本丛书编写的指导思想，结合了我国国情，从"立德树人、服务选才、引导教学"角度出发，融项目式学习（PBL）、STEM 理念于一体，基于通识教育，以项目式学习推进 STEM 教育。该丛书包括小学三册、初中三册、高中三册，立足于大众创客教育，围绕数字创作、人工智能、创意制作、畅想创作四类课程有效进阶，结合网络学习平台，软硬结合，虚实融合，线上线下整合，培养学生21 世纪核心技能。因此，该丛书的内容设计在选取上注重输入与输出的有效对接，每种课程都有合适的出口，最终都呈现出学生作品，与培育精英人才结合，与市、省及国家级的竞赛活动衔接。本丛书解决了跨学科融合与考试升学之间的矛盾；解决了不同地区经费需求不同的问题；解决了创客教育与 STEM 教育可持续性问题；解决了创客教育师资不足的问题。丛书出版以符合教育部公示并通过审核的面向中小学生的全国性竞赛活动为准，作品无论是虚拟创作还是实体制作，都是一个项目、一种工程。该丛书用项目式学习为师生提供明确的教学指引和学习支架，小学、初中、高中各阶段教材均以知识技能为主线，以项目教学或项目式学习为辅线，通过项目范例、项目选题、项目规划、探究活动、项目实施、成果展示、活动评价等环节引领教与学的活动。丛书中项目教学的思路主要通过项目式学习实施路径和项目活动评价表予以落实。

该丛书立足创客教育与 STEM 教育战略高度的顶层设计，聚焦教育创新战略，设计教育改革发展蓝图，积极探索新模式，借鉴国际教育发展前沿趋势和国内创新实践，聚焦提升人才培养质量，以为国家建设培养创新人才为核心，整合全社会资源，项目引路，构建由中小学校校内之间、不同学校之间以及校外与科研机构、高新企业、社区和高等学校组成的项目式学习发展共同体，以实施系统完整的创客课程与 STEM 课程为主线，打造覆盖区域的课程实施基地，面向全体，让每一个学生接受创客教育与 STEM 教育，通过课程的常态化和人才选拔，培养国家发展急需的创新型人才和高技能人才，为国际教育发展和科技创新型人才培养提供中国智慧和中国方案。

该丛书难免存在缺点和不足，殷切希望广大读者批评指正！

中国教育信息化创客教育研究中心
丛书主编　孙晓奎
2020 年 7 月

给同学们的话

信息学竞赛训练需要根据不同的发展阶段设置不同的内容，即基础性课程要注重培养学生的学习态度，掌握竞赛的规范语言，熟悉简单算法；发展性课程则需要培养学生自我发展的态度，通晓竞赛所需的基础算法，具备编程解题的一般能力；研究性课程则培养学生的科学思维及科学探究能力，积累设计算法和编程的经验，能用开放性和多维性的眼光接纳新知识。

本书为创客教育系列丛书的高中第三册，共分为7章，涵盖了高中信息学竞赛的所有知识点，与本丛书初中第三册《信息学初步》一脉相承，是在初中版基础上的深化与拓展，属于发展性课程及研究性课程范畴，因此本书不从程序设计语言以及算法概念、基础数据结构等内容讲起，假如你是一名初学者，建议先阅读创客教育系列丛书的初中第三册《信息学初步》。

信息学所涉及的算法知识浩瀚无边，本书力求化繁为简，深入浅出，针对每个重要的知识点配以经典实例进行精心剖析，结合清晰的代码及生动的文字、画龙点睛的注解，力求通俗易懂。同时，在每一节的主要内容讲解之后，设计了具有一定难度的综合实例，是在所学知识的基础上进行的有效拓展，建议读者能够进行同步训练，以加强对所学知识的理解和应用，培养扎实的编程技能及思维，同时最大限度发挥这本书的作用。当然，算法知识的学习需要读者认真地去思考，做到举一反三才能真正学懂，而不是一味地以进度、刷题量为目标。

书中的例题及习题都配有完整代码和测试数据，但由于算法涉及的知识点非常广，同时读者所具备的知识水平参差不齐，因此在阅读及训练时难免会遇到不同的困难。一位哲人说过："面对困难，背过身去试图逃避

只会使困难加倍。相反,如果面对它毫不退缩,困难便会减半。"聪明的读者都应该善于利用资源,如通过与同学交流讨论,或者上网阅读牛人的博客等途径解决困难。

本书在编写过程中,得到了胡家跃、陈明宏老师的指导,也得到了获全国青少年信息学奥林匹克联赛一等奖的丁昊、陈冠宏、彭泽铭、吴狄、徐子博、潘昊翔、张宇燊、邓奕鹏、姚敏清、郑少怀、古鸣浩、钟锦立、吴家庆、杨心墨、刘宇林、池彦宽、郑海俊等同学的积极参与,在此一并致谢。

目录 CONTENTS

第1章 深度优先搜索的优化 ... 1

1.1 剪枝优化 ... 2
　　【知识讲解】 ... 2
　　【实践巩固】 ... 5

1.2 迭代加深优化 ... 5
　　【知识讲解】 ... 5
　　【实践巩固】 ... 9

第2章 广度搜索的优化 ... 11

2.1 双向广度优先搜索 ... 12
2.2 优先队列广度优先搜索 ... 13
2.3 Hash 判重 ... 15

第3章 动态规划进阶 ... 19

3.1 区间类动态规划 ... 20
3.2 树形动态规划 ... 23
3.3 数位 DP ... 27
　　3.3.1 数位 DP 的基本思想 ... 27
　　3.3.2 数位 DP 的应用 ... 29
3.4 状态压缩 DP ... 34
　　3.4.1 状态压缩 DP 的基本思想 ... 34
　　3.4.2 状态压缩 DP 的应用 ... 36
3.5 单调队列优化 ... 42
3.6 斜率优化动态规划 ... 46
　　3.6.1 知识讲解 ... 46
　　3.6.2 实践巩固 ... 50

第4章 图论 ... 51

4.1 图的基本概念 ... 52
　　4.1.1 图的一些定义和概念 ... 52
　　4.1.2 图的存储结构 ... 54
4.2 图的遍历 ... 58
　　4.2.1 深度优先遍历和广度优先遍历 ... 58
　　4.2.2 一笔画问题 ... 60
4.3 最短路径算法 ... 67
　　4.3.1 Bellman-Ford 算法的实现及运用 ... 67
　　4.3.2 SPFA 算法的实现及运用 ... 70
　　4.3.3 Dijkstra 算法的实现及运用 ... 73
　　4.3.4 Floyd 算法的实现及运用 ... 75
4.4 图的连通性 ... 77
　　4.4.1 无向图的割点与桥 ... 77
　　4.4.2 无向图的双连通分量 ... 80
　　4.4.3 有向图的强连通分量 ... 81
4.5 最小生成树 ... 83
　　4.5.1 Prim 算法 ... 83
　　4.5.2 Kruskal 算法 ... 84
4.6 拓扑排序与关键路径 ... 86
　　4.6.1 AOV 网 ... 86
　　4.6.2 拓扑排序算法的基本思想与应用 ... 87
　　4.6.3 关键路径 ... 89

第 5 章　字符串算法 93

- 5.1 哈希和哈希表 94
- 5.2 KMP 算法 97
- 5.3 Trie 字典树 104
  - 5.3.1 Trie 字典树的思想 104
  - 5.3.2 Trie 字典树的应用 106

第 6 章　高级数据结构 111

- 6.1 并查集 112
- 6.2 树状数组 115
- 6.3 RMQ 118
- 6.4 快速幂与矩阵乘法 122
  - 6.4.1 快速幂 122
  - 6.4.2 矩阵乘法 124
  - 6.4.3 LCA 126
- 6.5 线段树 131
  - 6.5.1 线段树的基本思想 131
  - 6.5.2 线段树的单点修改 133
  - 6.5.3 线段树的区间查询 134
  - 6.5.4 区间修改和标记 139
- 6.6 平衡树 144
  - 6.6.1 二叉查找树的基本思想与应用 144
  - 6.6.2 Treap 的基本思想与应用 148

第 7 章　数学基础 153

- 7.1 GCD 与拓展 GCD 154
  - 7.1.1 最大公约数 GCD 的求法 154
  - 7.1.2 扩展欧几里得算法的基本思想与应用 158
- 7.2 同余定理 164
  - 7.2.1 同余定理概述 164
  - 7.2.2 线性同余方程的求解 167
- 7.3 逆元问题 168
  - 7.3.1 逆元问题的求解 168
  - 7.3.2 逆元的应用 171
- 7.4 容斥原理 174

第 1 章 深度优先搜索的优化

　　深度优先搜索是一种应用很广的搜索算法,十分适合求可行解、最优解之类的问题,并且拥有远低于广度优先搜索的空间复杂度。但作为代价,其时间复杂度一般为指数级别,因此直接的、不加优化的深度优先搜索时间效率往往很低,更是难以应付信息学竞赛严格的运行时间限制。因此,我们经常在运用它时加上各种优化。

　　深度优先搜索是一种应用很广的搜索算法,但其复杂度一般为指数级别。

　　本章我们讨论的内容,就是在建立深度优先搜索算法的结构之后,对它加上各种时间上的优化。

1.1 剪枝优化

【知识讲解】

我们先想一想 NOIP2001 提高组第二题（数的划分）：将整数 $n(6<n\leq 200)$ 分成 $k(2\leq k\leq 6)$ 份，且每份不能为空，任意两个方案不相同（不考虑顺序）。求有多少种不同的分法。例如，$n=7$，$k=3$ 时有 4 种分法。

这个问题就是要我们求一个长度为 k 单调不减的数列 $\{a_k\}$ 的数目，使得 $a_1+a_2+\cdots+a_k=n$。显然，我们可以暴力深度优先搜索：设 dfs(n,k,x) 表示将 n 划分成 k 份，且 $a_k\leq x$ 的方案数。那么我们就可以枚举 a_k 的值，然后去到 k-1 的层；而当 $k=0$ 时，dfs(n,k,x)=[$n=0$]。

但这样的复杂度很高。注意到我们可能重复地算参数相同的 dfs(n,k,x) 的值很多次，而恰好 n、k、x 的值都不会很大，所以我们可以借鉴动态规划的思想，记录已经算过的值，比如设一个三维数组 f，令 $f[n][k][x]$=dfs(n,k,x)；而我们进入 dfs(n,k,x) 时，如果 $f[n][k][x]$ 有值，则直接返回它的值。这就是记忆化剪枝。

直接记忆化，理论复杂度上界是 $O(nk^3)$（状态数为 $O(nk^2)$，每个状态的转移数为 $O(k)$），可以过掉这题了；但是我们也可以想想继续优化。我们可以先把合法数列的定义转换一下，改为单调不增，这也是等价的。这样一来，我们设状态时就可以省掉 x 这一维，直接设 dfs(n,k) 表示将 n 划分成 k 份的方案数，并且只有两种转移：第一种是让 $a_1 \sim a_k$ 整体 +1，k 不变；第二种是让 a_k+1，k-1。此时，我们再加上记忆化剪枝，复杂度上界就仅为 $O(nk)$ 了。

我们可以审视一下深度优先搜索的本质：我们把状态（或者用博弈论里的术语，局面）抽象成一个点，把一个转移（或者说操作）抽象成一条有向边，那么如图 1-1 所示，它就是从一个（或多个）根出发，沿着可以转移的边生成一个 DAG（多数时候，或者使用记忆化剪枝时，它是一棵树，我们可以称之为搜索树），并且要以某种顺序遍历它，找到某些合法的目标结点并计算答案。

而剪枝，就是通过某些判断，避免一些不必要的遍历过程；形象地说，就是剪去搜索树中的某些枝条。

显然，应用剪枝优化的核心问题是设计剪枝判断方法，并且首要条件是剪枝必须正确。在上面的题中，我们运用了深度优先搜索的一种十分常用的剪枝（剩下一种是状态和转移的优化，并非剪枝）；而深度优先搜索的剪枝大致可以归为以下几类。

(1) 记忆化剪枝：记录参数相同的返回值，保证每个状态只会被计算一次。有时也可以只记录上一次的操作之类的信息，来尽量避免对同一个状态重复计算，达到类似记忆化剪枝的效果。

(2) 最优性剪枝：对于一类要求让某个值极大／极小的问题，若我们可以在搜索的过程中以不高的复杂度顺便算出这个值，那我们可以记录答案；当我们走到已经不比当前答案更优的点时，我们就可以不从它继续往下遍历。

(3) 可行性剪枝（上下界剪枝）：这个适用于一类有条件限制的搜索问题，在搜索过程中不断地判断能否从当前点遍历到一个合法的目标结点，如不行则不遍历。一般来说，都是将当前的花费＋还需至少的花费与要求花费比较，或者将当前的花费＋还需至多的花费与要求花费比较。这种剪枝借鉴了 A* 的估价函数的思想。

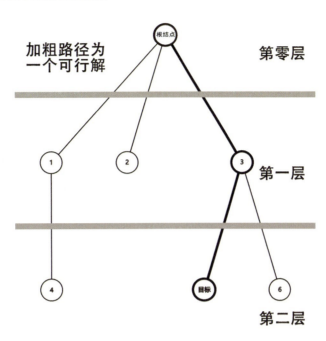

图 1-1　搜索算法的图示 (1)

(4) 搜索顺序剪枝：这个适用于只需搜索到一个合法目标结点的问题，或者可以和最优性剪枝配合发挥良好效果的问题，剪枝方法即调整遍历顺序。但这是一种比较玄妙的剪枝，如使用不当可能反而会拖慢时间复杂度。

例 1　吃奶酪 (cheese，1s，256MB)

【问题描述】

房间里放着 n 块奶酪。一只小老鼠要把它们都吃掉，问至少要跑多少距离？老鼠一开始在 $(0,0)$ 点处。

【输入格式】

第 1 行一个数 n ($n \leqslant 15$)。

接下来每行两个实数，表示第 i 块奶酪的坐标。($0 \leqslant \mathrm{abs}(x), \mathrm{abs}(y) \leqslant 10\,000$)

【输出格式】

一个数，表示要跑的最少距离，保留两位小数。

【输入样例】

```
4
1 1
1 -1
-1 1
-1 -1
```

【输出样例】

7.41

【问题分析】

首先，我们肯定是每一次直奔一块奶酪去；也就是说，我们经过的点只有原点和有奶酪的点。那么，只要会两点距离公式 $dis(p,q)= \sqrt{(x_p-x_q)^2+(y_p-y_q)^2}$，我们就可以列出一个暴力的深度优先搜索了：开一个桶标记吃掉了的奶酪，每次枚举一个还未吃掉的奶酪，走过去吃完所有 n 个奶酪就更新答案。

但是这样的复杂度是 $O(n!)$ 的。我们可以加一个最优性剪枝：我们时刻记着可能的答案（不比真正的答案更优，但可能是真正的答案），若走到某个状态时，花费已经大于那个可能的答案了，那便直接退出，不继续往下搜索。

这样的剪枝有点玄妙，理论复杂度并没有优化，但实际效率却可以高不少。

【参考程序】

```
#include<cmath>
#include<cstdio>
#define sqr(x) (x)*(x)
#define fo(i,a,b) for(int i=a;i<=b;i++)
#define dis(p,q) sqrt(sqr(x[p]-x[q])+sqr(y[p]-y[q]))
int n;
double x[16],y[16],ans;
bool vis[16];//vis[i]表示i号奶酪有没有被吃
void dfs(int now,double sum)//now表示当前所在的点，sum表示当前的花费
{
    if(sum>ans) return;//最优性剪枝
    bool ed=true;//ed表示是否已将所有奶酪吃完
    fo(i,1,n) if(vis[i]==false)
    {
        ed=false;
        vis[i]=true;
        dfs(i,sum+dis(now,i));
        vis[i]=false;
    }
    if(ed) ans=sum;
}
int main()
{
    freopen("cheese.in","r",stdin);
    freopen("cheese.out","w",stdout);
    scanf("%d",&n);
    fo(i,1,n) scanf("%lf%lf",&x[i],&y[i]), ans+=dis(i-1,i);//先算出一个可能的答案
    dfs(0,0);//可以把原点视为0号奶酪
    printf("%.2lf",ans);
}
```

【实践巩固】

例2 数字三角形 (triangle, ls, 256MB)

【问题描述】

有这么一个游戏:

写出一个 1 至 $N(1 \leq N \leq 10)$ 的排列 a_i,然后每次将相邻两个数相加,构成新的序列,再对新序列进行这样的操作,显然每次构成的序列都比上一次的序列长度少 1,直到只剩下一个数字。

现在已知最后的那个数字是 sum,求一个合法的最初序列。若答案有多种可能,则输出字典序最小的那一个。若无解,则不输出。

【输入格式】

一行两个整数:N、sum。

【输出格式】

一行 N 个整数,字典序最小的合法最初序列。无解则不输出。

【输入样例】

4 16

【输出样例】

3 1 2 4

1.2 迭代加深优化

【知识讲解】

先考虑一个问题模型:一个初始状态,多个合法的结束状态,每个状态都有 4 种转移,求初始状态转移到任意一个结束状态最少需要多少步。

考虑搜索。我们可以把搜索树大致地画成如图 1-2 所示的模样。

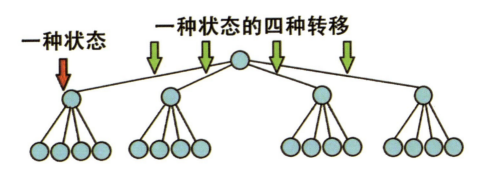

图 1-2 搜索算法的图示 (2)

如果我们直接采用深度优先搜索的话,很有可能会陷于不妙的境地:如图 1-3 所示,我们可能在不能去到合法的目标状态的子树里搜了很久，因为它们的深度很可能非常大（在某些题中，这个结点深度甚至是无限的——因为它可以一直在一个由转移边组成的环里不停地转圈），而这个搜索耗费大量时间却徒劳无功；而一个合法的结束状态的深度其实并不深，只是恰巧不在先搜到的子树内。

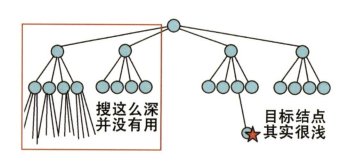

图 1-3　深度优先搜索的缺点

当然我们也可以考虑广度优先搜索（见图1-4）。我们开一个队列，从左到右枚举队首，将它的四种转移统统加到队尾，这样一层一层地推进，实际上也就是一步一步地增加，因而首次到达的结束状态的深度就是最少的步数。

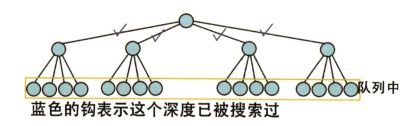

图 1-4　广度优先搜索的图示

但广度优先搜索也有一个问题：如果最浅的结束状态稍微深一点，用于保存状态的队列所需的空间就会指数级增长。以本题为例，如果到达结束状态最少要 10 步，队列需要存储的状态数就有 $1+4+4^2+4^3+\cdots+4^{10} = 1\,398\,101$ 个。并且在某些题目中，存储一个状态的空间并非 $O(1)$，而是一个很大的数（比如要存一个长为 n、宽为 m 的矩阵，甚至要开 $O(nm)$ 的空间），那就更加崩溃了。

相形之下，深度优先搜索就没有这个难题，因为一般而言我们采取深度优先搜索时只需记录当前状态的值，最不济也只是记录初始状态到当前状态一条链上的值。若单个状态的空间复杂度是 $O(k)$，那么深度优先搜索的空间复杂度便仅有 $O(k)$ 或 $O(deep \times k)$（deep 为最浅的结束状态的深度）。

深度优先搜索、广度优先搜索各有优劣。迭代加深（iterative deepening，ID）则结合两者的优点，用深度优先搜索模拟广度优先搜索。它的主要思想就是每次深度优先搜索之前限定一个深度限制，要求深度优先搜索不得超过这个深度。每一次深度优先搜索，我们检查当前所处的深度。如果达到深度限制，立刻返回。一次完整的深度优先搜索完成，如果没有找到答案，增加限定的深度，继续 ID。ID 的流程大致如图 1-5 所示。

运用 ID，无论是深度优先搜索的搜索过深问题还是广度优先搜索的空间过大问题都迎刃而解。

现在唯一的问题就是，我们没有用空间保存上一层的信息，每次 ID 都要把上一层重新搜索一遍，这是否会大大增加时间开销？

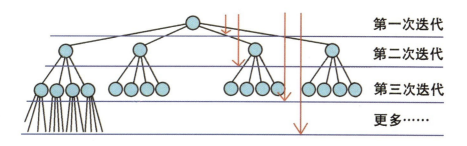

图 1-5 迭代加深的图示

实际上并无此问题。我们可以设 $D(x)$ 表示深度限制为 x 时搜索树内的结点数，设 k 表示每个结点的出边数（即单一状态的转移数，不妨假设所有状态的转移数都相等）。则 $D(x)=1+k+k^2+k^3+\cdots+k^x=\dfrac{k^{x+1}-1}{k-1}$。如果答案的深度为 h，那我们总共搜索过的结点总数即为

$$D(0)+D(1)+D(2)+\cdots+D(h)=\dfrac{\dfrac{k(k^{h+1}-1)}{k-1}-(h+1)}{k-1}=\dfrac{k}{k-1}\cdot\dfrac{k^{h+1}-1}{k-1}-\dfrac{h+1}{k-1}\approx\dfrac{k}{k-1}D(h)$$。可以发现，最坏情况下 $\dfrac{k}{k-1}=2$（此时 $k=2$，$k=1$ 时不需要搜索），完全可以视为一个常数。这样一来，我们就证明了，ID 是结合了深度优先搜索的空间复杂度和广度优先搜索的时间复杂度的奇妙算法。

当然，我们在采用 ID 时，也可以套上普通深度优先搜索的各种剪枝。一般来说，如果 ID 再套上一个可行性剪枝（即时刻判断当前深度＋估价函数值（即还需至少的步数）是否大于深度限制，如果大于则退出），我们就把这个称为 IDA*。

例 3　The Rotation Game(rotation，2s，64MB)

【问题描述】

现有一块有 24 个格子的井字板子，每个格子用 1、2 或 3 标记，每种格子各有 8 个。起初这些格子分布随机，你需要通过 A ~ H 8 种操作将中心 8 个格子变为相同的标记。(图 1-6 中使用 A 操作将 A 列向上拉了一格，使用 C 操作将 C 列向右拉了一列，中心变为 2)

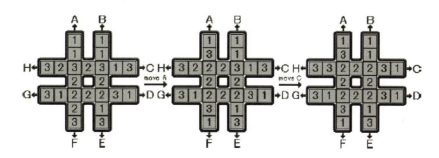

图 1-6　The Rotation Game 题目问题描述

【输入格式】

有多组数据(≤30)，每组数据包含一行 24 个数字，代表从左上到右下 24 个格子的初始状态。输入 0 代表结束。

【输出格式】

每组数据包含两行，第 1 行是最佳的操作顺序，第 2 行是此时中心的字符。若不需要操作，即初始时中心 8 个字符就相同，则输出 No moves needed(也要输出中心字符)。

最佳操作顺序为：操作次数最少。同次数若有多种则为字典序小者。

【输入样例】

```
1 1 1 1 3 2 3 2 3 1 3 2 2 3 1 2 2 2 3 1 2 1 3 3
1 1 1 1 1 1 1 1 2 2 2 2 2 2 2 2 3 3 3 3 3 3 3 3
0
```

【输出样例】

```
AC
2
DDHH
2
```

【问题分析】

首先，我们可以用常量数组将 8 种操作涉及的各 7 个格子以及中心的 8 个格子记录下来，并记录每种操作的逆操作，然后便可以开始 ID：每次按 A ~ H 的顺序枚举一种操作，直接移动，回溯时则按它的逆操作移动。每一次检查中心格是否都相等即可。

可以加两个比较明显的剪枝：第一个是记录上一次的操作，不进行上一次操作的逆操作(减少原地打转的次数，类似于记忆化剪枝)；第二个是设计一个估价函数，当前状态的估价可以 =8- 中心格中众数的出现次数 (因为这是至少还需进行的操作数)，如果当前的深度 + 估价 > 深度限制，则可以退出。第二个也就是可行性剪枝。

【参考程序】

```cpp
#include<cstdio>
#include<algorithm>
#define fo(i,a,b) for(int i=a;i<=b;i++)
using namespace std;
const int cen[8]={6,7,8,11,12,15,16,17};        //8 个中心点
const int inv[8]={5,4,7,6,1,0,3,2};             // 每种操作的逆操作
const int o[8][7]={{0,2,6,11,15,20,22},         //AF
                   {1,3,8,12,17,21,23},         //BE
                   {10,9,8,7,6,5,4},            //CH
                   {19,18,17,16,15,14,13},      //DG
                   {23,21,17,12,8,3,1},         //EB
                   {22,20,15,11,6,2,0},         //FA
                   {13,14,15,16,17,18,19},      //GD
                   {4,5,6,7,8,9,10}};           //HC
int a[24],lim,c[4],mc;
char ans[110];
void calc()// 计算中心格中众数的出现次数
{
```

```
    c[1]=c[2]=c[3]=0;
    fo(i,0,7) c[a[cen[i]]]++;
    mc=max(c[1],max(c[2],c[3]));
}
void move(int k)//移动操作
{
    int tmp=a[o[k][0]];
    fo(i,0,5) a[o[k][i]]=a[o[k][i+1]];
    a[o[k][6]]=tmp;
}
bool dfs(int t,int la)
{
    calc();
    if(t+8-mc>lim) return 0;//可行性剪枝
    if(mc==8)
    {
        ans[t]=0;
        printf("%s\n%d\n",ans,a[6]);
        return 1;
    }
    fo(i,0,7) if(inv[i]^la)
    {
        ans[t]=i+65;
        move(i);
        if(dfs(t+1,i)) return 1;
        move(inv[i]);
    }
    return 0;
}
int main()
{
    freopen("rotation.in","r",stdin);
    freopen("rotation.out","w",stdout);
    for(scanf("%d",a);a[0];scanf("%d",a))
    {
        fo(i,1,23) scanf("%d",&a[i]);
        calc();
        if(mc==8)
        {
            puts("No moves needed");
            printf("%d\n",a[6]);
            continue;
        }
        for(lim=1;!dfs(0,-1);lim++);
    }
}
```

【实践巩固】

例 4 水叮当的舞步 (dance，1s，256MB)

【问题描述】

水叮当得到了一块五颜六色的格子形地毯作为生日礼物；更加特别的是，地毯上格子的颜色还能随着踩踏而改变。

为了讨好她的偶像虹猫，水叮当决定在地毯上跳一支轻盈的舞来卖萌。

地毯上的格子有 N 行 N 列，每个格子用一个 0～5 之间的数字代表它的颜色。

水叮当可以随意选择一个 0～5 之间的颜色，然后轻轻地跳动一步，地毯左上角的格子所在的连通块里的所有格子就会变成她选择的那种颜色。这里连通定义为：两个格子有公共边，并且颜色相同。

由于水叮当是施展轻功来跳舞的，为了不消耗过多的真气，她想知道最少要多少步才能把所有格子的颜色变成一样的。

【输入格式】

每个测试点包含多组数据。

每组数据的第 1 行是一个整数 N，表示地毯上的格子有 N 行 N 列。

接下来一个 $N \times N$ 的矩阵，矩阵中的每个数都在 0～5 之间，描述了每个格子的颜色。

$N=0$ 代表输入的结束。

【输出格式】

对于每组数据，输出一个整数，表示最少步数。

【输入样例】

```
2
0 0
0 0
3
0 1 2
1 1 2
2 2 1
0
```

【输出样例】

```
0
3
```

第 2 章
广度搜索的优化

在一些广度优先搜索的题目中，一般的广度优先搜索算法往往不能达到效率需求。这时就要对广度优先搜索进行优化。本章就一些经典的广度优先搜索优化技巧对广度优先搜索优化进行讲解。

2.1 双向广度优先搜索

双向广度优先搜索是一种常见的广度优先搜索优化技巧。但这个技巧的使用是有前提的：第一，我们将原题目抽象为一张带边权的图时(点表示一个局面，边表示一次操作，边权表示该操作的花费)，必须要求该图是无向图，且所有边权都相等；第二，搜索的起点和终点已知。这时，我们可以从起点和终点开始同时进行广度优先搜索，当搜索到同一结点时，我们就找到了起点到终点的一条路径；如果边权都是 1，我们就找到了起点到终点的最短路径。

双向广度优先搜索的伪代码如下：

```
queue q1, q2; // 两个队列
bool vis1[N], vis2[N]; // 分别标记状态是否被起点、终点搜索到
int dis1[N], dis2[N]; // 起点到状态、终点到状态的距离
q1.push(s); // 加入起点
vis1[s] = 1;
q2.push(t); // 加入终点
vis2[t] = 1;
while (q1.size > 0 || q2.size > 0) {// 注意此处用的是或，只要有一个队列不为空就能拓展
    if (q1.size > 0) {
        x = q1.head;
        q1.pop();
        for (y 能由 x 变换得到) {
            if (vis2[y] == 1) // 相遇了
                搜索结束，答案为 dis1[x] + dis2[y] + 1
            if (vis1[y] == 0) {
                dis1[y] = dis1[x] + 1;
                vis1[y] = 1;
                q1.push(y);
            }
        }
    }
    if (q2.size > 0) {
        x = q2.head;
        q2.pop();
        for (y 能由 x 变换得到) {
            if (vis1[y] == 1) // 相遇了
                搜索结束，答案为 dis2[x] + dis1[y] + 1
            if (vis2[y] == 0) {
                dis2[y] = dis2[x] + 1;
                vis2[y] = 1;
                q2.push(y);
            }
```

                }
            }
        }

我们来分析一下这个算法的复杂度。(设 m 是偶数,奇数同理)

假设搜索的初始状态到最终状态最少要变换 m 次,每次有 n 种变换可选,那么不带任何优化的广度优先搜索运行的时间复杂度是 $O(n^m)$。如果使用双向广度优先搜索,那么初始状态变换 $m/2$ 次所能得到的所有状态的集合 S,和最终状态变换 $m/2$ 次所能得到的所有状态的集合 T,必然存在交集。因此,两边都最多变换 $m/2$ 次就能相遇。这样,时间复杂度就是 $O(n^{\frac{m}{2}})$。

注意,搜索相遇后应立刻结束搜索,因为状态是指数级增长的,仅仅多搜一层都有可能使得你的程序储存不下状态。写双向广度优先搜索时,要特别注意这一点。

2.2 优先队列广度优先搜索

读者所熟悉的 Dijkstra 算法就是一种最简单的优先队列广度优先搜索。本节介绍优先队列广度优先搜索的另一个应用——启发式搜索。

启发式搜索的核心是估价函数 $f(x)=g(x)+h(x)$。x 是一个状态,$g(x)$ 是起点到这个状态已经走过的距离(注意是已经走过的距离,而非"最短路径"),$h(x)$ 是这个状态到终点的估计经过的最短距离(这个是"最短路径")。

在原先的广度优先搜索基础上,我们把普通队列改为优先队列,每次取 $f(x)$ 最小的 x 拓展状态,这就是启发式搜索。

设 $h'(x)$ 表示 x 到终点的实际最短路。由于 $h(x)$ 计算方法的不同,$h(x) \neq h'(x)$ 的情况有可能出现。我们分别来看三种情况:

(1) $h(x)=h'(x)$,这时估价函数是准确的。

(2) $h(x)<h'(x)$,这时估价函数比实际花费更小,算法运行将会更快,但有可能出错。

(3) $h(x)>h'(x)$,这时估价函数比实际花费更大,算法运行效率降低,但正确性不会有问题。

可见 $h(x)$ 的选取对算法的运行效率和正确性是至关重要的。

例 1 k 短路 (path,1s,64MB)

【问题描述】

给出一个 N 个点 R 条边的有向图,求 1 到 N 的第 K 短路(相同长度的路径只算一条)。

【输入格式】

第 1 行,三个用空格分隔的整数 N、R、K ($1 \leq N \leq 10\ 000, 1 \leq R \leq 100\ 000, 1 \leq K \leq 10\ 000$)。

第 2 ~ $R+1$ 行,每行包含三个用空格分隔的整数 x、y、len ($1 \leq x,y \leq n, 1 \leq \text{len} \leq 10\ 000$),表示 x 到 y 有一条长度为 len 的单向道路。

【输出格式】

输出包括一行，一个整数，第 K 短路的长度。

【输入样例】

```
4 4 2
1 2 100
2 4 200
2 3 250
3 4 100
```

【输出样例】

```
450
```

【问题分析】

我们给一条路径 x 定义一个估价函数 $f(x)=g(x)+h(x)$，$g(x)$ 是这条路径已走过的长度，$h(x)$ 是 x 到 N 的最短路。这时，估价函数是准确的，这样第一个搜索到的 1 到 N 的路径就是第一小的，第二个搜索到的 1 到 N 的路径就是第二小的，以此类推，搜索到的第 k 个到 N 的路径就是答案。$h(x)$ 可以在反向图上做一遍最短路径得到。

本题参考代码如下，使用了 C++ STL 库里的优先队列，读者也可以自己用堆实现优先队列。

```cpp
const int N = 10007, M = 200007;
int n, m, k, cnt, tot, lstlen, st[N], to[M], nx[M], len[M], tag[M];
void add(int u, int v, int w, int t) { to[++tot] = v, nx[tot] = st[u], st[u]
    = tot, len[tot] = w, tag[tot] = t; }
struct note { int f, g, id; };
int operator<(note a, note b) { return a.f > b.f; }
// 由于 STL 的特性，这里小于要写成大于，才是取出最小的一个
priority_queue<note> q;
int head, tail, que[N * 100], dis[N], vis[N];
void spfa() {
    memset(dis, 0x3f, sizeof(dis));
    head = 1, que[tail = 1] = n, vis[n] = 1, dis[n] = 0;
    while (head <= tail) {
        int u = que[head++];
        vis[u] = 0;
        for (int i = st[u], v; i; i = nx[i]) if (tag[i] == 1) {
            v = to[i];
            if (dis[u] + len[i] < dis[v]) {
                dis[v] = dis[u] + len[i];
                if (!vis[v]) que[++tail] = v, vis[v] = 1;
            }
        }
    }
}
```

```
void Astar() {
  q.push((note){dis[1], 0, 1});
  while (!q.empty()) {
        note x = q.top(); q.pop();
        int u = x.id;
        if (u == n && x.g != lstlen) { // 去掉相同长度的
              ++cnt, lstlen = x.g;
              if (cnt == k) { printf("%d\n", x.g); return; }
        }
        for (int i = st[u], v; i; i = nx[i]) if (tag[i] == 0) {
              v = to[i];
              q.push((note){x.g + len[i] + dis[v], x.g + len[i], v});
        }
  }
}
int main() {
  scanf("%d%d%d", &n, &m, &k);
  for (int i = 1, u, v, w; i <= m; ++i) {
        scanf("%d%d%d", &u, &v, &w), add(u, v, w, 0), add(v, u, w, 1);
        while (getchar() != '\n'); }
  spfa();
  Astar();
  return 0;
}
```

2.3 Hash 判重

细心的读者可能会发现，如果状态数和边数很小，那么前面所介绍的双向广度优先搜索根本没有用武之地，因为一般的广度优先搜索就能在 $O(nm)$ 的时间复杂度内解决问题。其实双向广度优先搜索的题目一般都有较大的状态数，并且起点到终点最少经过的边数一般都很少。读者可以根据这个特点来用双向广度优先搜索优化。

例 2 交换 (swap, 2s, 64MB)

【问题描述】

给定 1 到 N 的一个排列，再给定一些允许的交换方法，要求用最少的交换次数把该排列变成 $1,2,\cdots,N$。

【输入格式】

第 1 行包含两个整数 $N(1 \leq N \leq 12)$ 和 $M(1 \leq M \leq N(N-1)/2)$，表示序列的长度以及允许的交换方案。

第 2 行输入 1 到 N 个初始排列情况。

接下来 M 行,每行两个整数 A 和 B 描述一个允许的交换方案,表示允许把当前排列中的第 A 个数和第 B 个数进行交换,保证 A 和 B 不相同。

输入保证一定存在解。

【输出格式】

输出一个整数表示最少需要的交换次数。

【输入样例】

2 1
2 1
1 2

【输出样例】

1

【问题分析】

考虑使用广度优先搜索。

对于一个排列,我们可以将其视作一个十三进制的数,这样每一种排列都可以表示为一个 64 位无符号整数,并且不同排列所对应的数都是不同的。我们当然不能开一个大小为 2^{64} 的数组来储存这些状态,这时就要用到 Hash 来储存状态。

我们取一个大小适当的质数 P,教程中使用的是 $P=999983$。读者可能会问,怎么选取合适的质数?如果你需要把状态存进数组,你可以用线性筛法找出 $[1,10^7]$ 的质数,然后通过计算,选择一个不会使你的程序超过内存限制的质数。如果你只是为了把状态表示为整数,笔者推荐选用 10^9+7 和 10^9+9 这两个质数,用这两个质数双 Hash(散列),错误率微乎其微(因为这两个数其实是孪生质数)。当然这都是题外话了,对于本题使用 $P=999983$ 就已足够。

但是这样可能会有不同状态存在同一位置,我们需要用一种叫作"线性探查法"的方法来避免重复。

对于整数 x,为了找到它在 Hash 表中的对应位置 a,我们首先令 $a=x\%P$,然后判断位置 a 是否被占用,若没被占用,则令 x 占用位置 a,它在 Hash 表中的对应位置就是 a。若被占用,则判断 a 是否已经被 x 占用,若是 x 占用的,x 在 Hash 表中的对应位置就是 a。若不是 x 占用的,则令 $a=(a+1)\%P$,寻找下一个位置,以此类推做下去,直到 x 能够找到位置占用为止。

上述方法可以有效地避免不同状态存在同一位置,读者可能会问,上面方法的时间复杂度是否会有问题?上述搜寻方法的搜寻次数等于最大连续被占用的位置数,在数字稀疏的情况下,连续的位置数不会太多。双向广度优先搜索的题目一般不会特意考线性探查法,读者不必担心。

本题参考代码如下,读者可对照上文的伪代码理解:

```
typedef long long ll;
const int N = 100,P = 999983;
int n,m,h,t,p,q,l[N],r[N],dis1[P],dis2[P];
ll st,en,Pow[N],val[P],que1[P],que2[P];
```

```c
ll swapnum(ll s,int i,int j) {
    int a=(s/Pow[n-i])%13,b=(s/Pow[n-j])%13; // 得到s第i位和第j位上的数字
    s-=Pow[n-i]*a,s-=Pow[n-j]*b,s+=Pow[n-i]*b,s+=Pow[n-j]*a;// 交换两个位上的数字
    return s;
}
int get(ll x) {
    int po=x % P;
    while (val[po] != -1 && val[po] != x) po=(po + 1 == P) ? 0 : po + 1;
    // 寻找下一个空位
    val[po]=x; // 占用空位
    return po;
}
int main() {
    Pow[0]=1;for(inti=1;i<=13;++i)Pow[i]=Pow[i-1]*13;
    scanf("%d%d",&n,&m);
    for(inti=1,x;i<=n;++i)scanf("%d",&x),st=st*13+x;// 状态转换成一个整数
    for(inti=1;i<=n;++i)en=en*13+i;// 最终状态
    for(inti=1;i<=m;++i)scanf("%d%d",&l[i],&r[i]);
    memset(val,-1,sizeof(val));// 设-1表示该位置还未被占用
    h=1,que1[t=1]=st,dis1[get(st)]=1;
    // 这里省去了上面伪代码的vis数组,用dis是否为0判断是否被访问
    p=1,que2[q=1]=en,dis2[get(en)]=1;
    while(h<=t||p<=q){
        llx,y,gox,goy;
        inta,b,goa,gob;
        if(h<=t){
            x=que1[h++],a=get(x);
            for(inti=1;i<=m;++i){
                gox=swapnum(x,l[i],r[i]),goa=get(gox);
                if(dis2[goa]){// 相遇
                    printf("%d\n",dis1[a]+dis2[goa]-1);
                    // 这里实际上是(dis1[a]-1+1)+(dis2[goa]-1),dis减去1
                    // 是因为初始状态的dis多了1,又加上1是因为a到goa还要变
                    // 换一步,下文同理
                    return 0;
                }
                if(!dis1[goa])dis1[goa]=dis1[a]+1, que1[++t]=gox;
            }
        }
        if(p<=q){
            y=que2[p++],b=get(y);
            for(int i=1;i<=m;++i) {
                goy=swapnum(y,l[i],r[i]),gob=get(goy);
                if (dis1[gob]){// 相遇
```

```
                        printf("%d\n",dis1[gob]+dis2[b]-1);
                        return 0;
                    }
                    if (!dis2[gob])dis2[gob]=dis2[b]+1,que2[++q]=goy;
                }
            }
        }
    }
    return 0;
}
```

第 3 章
动态规划进阶

一些复杂的问题，通常分为多个阶段，如果枚举每一个阶段的决策，时间复杂度将会是指数级别的，那么有没有更好的解决方案呢？

考虑这样一个简单的问题：有两个阶段，每个阶段有若干个数，你可以在每个阶段选出一个数，将两个阶段的数相加，要求出最大和。一种朴素的做法就是枚举两个阶段分别取什么数，然后算出答案，但是这样显然有冗余状态，若第一阶段取的数不是最大的，则无论第二阶段取什么数都无法得到最优答案。

动态规划（Dynamic Programming，DP）的基本思想就是把问题划分成若干个互相独立的阶段（比如上述的两个阶段互不影响），记录每一个阶段的最优决策，然后依次从一个阶段转移到下一个阶段，这样记录就可以除去不可能成为最优答案的冗余状态，从而大大地优化时间复杂度。

本章主要介绍不同种类的动态规划以及它们的具体做法。

3.1 区间类动态规划

在一类序列问题中,求解的是整个序列的最优答案。在某些情况下,如果可以通过一个断点将一个大区间分解成两个小区间,并且两个小区间的答案可以合并成大区间的答案,那么就可以使用区间 DP(Dynamic Programming,动态规划) 的算法进行解决。

区间 DP 算法的思想,就是把求解一个大区间的问题分解成求解更小的区间的子问题,再通过合并求得整个序列的最终答案。

区间 DP 中,一般设 $f[i][j]$ 表示区间 $[i,j]$ 的最优答案,转移时,在区间 $[i,j]$ 内枚举一个断点 k,将它分解成 $[i,k]$ 和 $[k+1,j]$ 两个小区间,再用 $f[i][k]$ 和 $f[k+1][j]$ 合并得到的答案更新 $f[i][j]$。

因为计算大区间的时候必须保证比它小的区间已经被计算过,所以要注意枚举变量的顺序,有时会从小到大枚举区间长度,有时则会按照题目要求顺序或逆序分别枚举左右端点,枚举顺序视具体情况而定,这是一个重要的细节。

在某些更复杂的题目中,f 数组除了记录区间端点外,还需要记录一些其他参数,再根据题目条件进行转移。

在简单的区间 DP 中,转移时需要枚举区间左右端点和断点,复杂度是 $O(n^3)$,在一些数据量更大的题目中,会用到平行四边形不等式进行优化,有时还会结合其他算法进行计算。

例 1 加分二叉树 (tree,1s,256MB)

【问题描述】

设一个 n 个结点的二叉树 tree 的中序遍历为 $(1,2,\cdots,n)$,其中数字 $1,2,\cdots,n$ 为结点编号。每个结点都有一个分数(均为正整数),记第 i 个结点的分数为 d_i,tree 及它的每个子树都有一个加分,任一棵子树 subtree(也包含 tree 本身)的加分计算方法如下:

subtree 的左子树的加分 × subtree 的右子树的加分 + subtree 的根的分数

若某个子树为空,规定其加分为 1,叶子的加分就是叶结点本身的分数。不考虑它的空子树。

试求一棵符合中序遍历为 $(1,2,\cdots,n)$ 且加分最高的二叉树 tree。要求输出:

(1) tree 的最高加分;

(2) tree 的前序遍历。

【输入格式】

第 1 行:一个整数 $n(n < 30)$,为结点个数。

第 2 行:n 个用空格隔开的整数,为每个结点的分数(分数 < 100)。

【输出格式】

第 1 行:一个整数,为最高加分(结果不会超过 4 000 000 000)。

第 2 行:n 个用空格隔开的整数,为该树的前序遍历。

【输入样例】

5

5 7 1 2 10

【输出样例】

145

3 1 2 4 5

【问题分析】

这是一个树上问题，但是注意到如果把一棵树变成它的中序遍历，这就变成了一个序列问题。

而且还注意到这题有个特殊性质：二叉树，即一个点顶多有左右两个儿子，接下来的做法中就用到了这个性质。

现在假设一棵子树的中序遍历在整棵树的中序遍历中为 $[l,r]$ 这段区间，那么这棵子树的根结点所在位置一定是 $l \sim r$ 中某个数，如果知道了根结点位置(假设为 root)，那么就可以把区间割成左右两个子树的中序遍历，即左子树 $[l,\text{root}-1]$，右子树 $[\text{root}+1,r]$，由此可以计算出这种分割方法的答案，只需要枚举所有的分割方法，并且取最优的就好了。

至于输出这棵树，可以记录 rt$[l][r]$ 表示在最优的分割方法下 $l \sim r$ 这段区间的根结点是哪个，转移时顺便更新即可，最后用深度优先搜索前序遍历整棵树输出答案。

所以转移方程就是：

$f[l][r] = \max\{f[l][\text{root}-1] * f[\text{root}+1][r] + w[\text{root}]\}$

rt$[l][r]$ = 最优情况下的 root

这里还有一点要注意，就是枚举顺序，标程里采用的是先逆序枚举左端点再顺序枚举右端点的办法，这样可以保证计算大区间之前小区间已经被计算过。当然也可以从小到大枚举区间长度，两种做法的复杂度都是 $O(n^3)$ 的。

【参考程序】

```cpp
//p3-1-1
#include <cstdio>
#include<cstring>
using namespace std;
const int N=30;
int n;
int w[N],f[N][N],rt[N][N];
void print(int l,int r)
{
    if(l>r)return;
    int root=rt[l][r];
    printf("%d ",root);
    print(l,root-1);
    print(root+1,r);
}
int main()
{
    memset(f,0,sizeof(f));
    scanf("%d",&n);
```

```
for(int i=1;i<=n;i++)
{
    scanf("%d",&w[i]);
    f[i][i]=w[i];
    rt[i][i]=i;
}
for (int l=n;l>=1;l--)// 枚举左端点
    for (int r=l+1;r<=n;r++)// 枚举右端点
        for (int root=l;root<=r;root++)// 枚举这段结点的根
        {
            int lw=f[l][root-1];// 左子树贡献
            int rw=f[root+1][r];// 右子树贡献
            if(lw==0)lw=1;
            if(rw==0)rw=1;
            if(lw*rw+w[root]>f[l][r])
            {
                f[l][r]=lw*rw+w[root];// 更新答案
                rt[l][r]=root;// 记录最优答案下这段结点的根
            }
        }
printf("%d\n",f[1][n]);// 整棵树的最优答案
print(1,n);// 前序遍历整棵树
printf("\n");
return 0;
}
```

例2 凸多边形划分 (polygon，1s，256MB)

【问题描述】

给定一个具有 $N(3 \leq N \leq 50)$ 个顶点(从1到N编号)的凸多边形，每个顶点的权均已知。问：如何把这个凸多边形划分成 $N-2$ 个互不相交的三角形，使得这些三角形顶点的权的乘积之和最小？

【输入格式】

第1行：顶点数 N。

第2行：N 个顶点(从1到N)的权值(1到100之间)。

【输出格式】

三角形顶点的权的乘积之和的最小值。

【输入样例】

5
121 122 123 245 231

【输出样例】
12214884

【数据范围】
对于 100% 的数据，$3 \leq N \leq 50$。

3.2　树形动态规划

有这样一类问题：给定一棵树，要求在树上进行各种各样的计算，求出整棵树的答案。这类问题通常会使用树形 DP 的算法解决。

树形 DP 算法的核心思想，就是把一个问题分解成若干个子问题求解，考虑到树结构的特殊性，求解以某个点为根的子树的答案，通常分解成求解以各个儿子为根的子树的答案，然后再通过计算，把各个子问题答案合并成这个子树的答案。

简单的树形 DP，时空复杂度一般是 $O(n)$ 级别的，一些较复杂的树形 DP，例如树形背包等，就是 $O(n^2)$ 级别的。有的时候，树形 DP 还可以用数据结构进行优化。

例 3　独立集 (set，1s，256MB)

【问题描述】

对于一棵树，独立集是指两两互不相邻的结点构成的集合。例如，图 3-1 所示的树有 5 个不同的独立集 (1 个双点集合、3 个单点集合、1 个空集)，图 3-2 所示的树有 14 个不同的独立集，图 3-3 所示的树有 5536 个不同的独立集。

 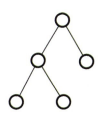 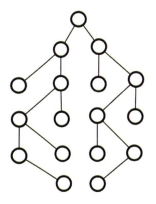

图 3-1　一种有 3 个结点的树　　图 3-2　一种有 5 个结点的树　　图 3-3　一种有 17 个结点的树

现在给定一棵树，求不同独立集的个数。

答案可能很大，请输出答案除以 10081 的余数。

【输入格式】

第 1 行为一个正整数 n，表示点的数量。

接下来 $n-1$ 行，每行有两个正整数 x、y，表示编号为 x、y 的两个点之间有一条边。

【输出格式】

输出一行一个数，表示答案除以10081的余数。

【输入样例】

```
17
1 2
1 3
2 4
2 5
3 6
3 7
5 8
5 9
7 10
7 11
8 12
8 13
10 14
10 15
12 16
15 17
```

【输出样例】

5536

【数据范围】

对于100%的数据，$n \leq 100000$。

【问题分析】

如果按照一般的思路，直接枚举每个点是否存在于独立集中，再判断点与点之间没有连边，这样的复杂度是 $O(2^n)$ 级别的，对于稍大一点的 n，比如30，在实际运行时已无法通过。

由于这题是在一棵树上进行计算，问题也可以拆分，因此可以考虑使用树形 DP 的算法。

设 $f[i][1]$ 表示以 i 为根的子树中，i 在独立集里的方案数。

设 $f[i][2]$ 表示以 i 为根的子树中，i 不在独立集里的方案数。

考虑 i 连出去的边，有两种情况，儿子或父亲，对于父亲的影响，会在 i 结点的父亲处计算到，因此只需要考虑 i 结点和儿子之间的关系，计算它们的方案数。

如果 i 是叶子结点，那么显然有 $f[i][1]=f[i][2]=1$。

如果 i 有儿子，就进行如下计算。

(为表示方便，设 i 的各个儿子为 a_1、a_2、a_3 等)

(1) 如果 i 结点不在这个独立集中，那么与它有连边的其他结点不受限制，又因为各个儿子的子树之间没有连边，因此互相独立，由此可得到第一条转移方程：

$f[i][2]=(f[a_1][1]+f[a_1][2]) \times (f[a_2][1]+f[a_2][2]) \times (f[a_3][1]+f[a_3][2]) \times \cdots$

(2) 如果 i 结点在这个独立集中，那么根据题目要求，与它有连边的其他结点都不能出现在独立集中，又因为各个儿子的子树之间没有连边，因此互相独立，所以得到第二条转移方程：

$f[i][1]=f[a_1][2] \times f[a_2][2] \times f[a_3][2] \times \cdots$

最后计算整棵树的答案，根结点有两种情况：在或不在独立集里，因此答案为 $f[\text{root}][1]+f[\text{root}][2]$。

这样，这个问题就完美解决了。

接下来分析这个算法的复杂度。注意到每个儿子的答案只会在父亲处被计算到，因此本题中树形 DP 的复杂度是 $O(n)$，比起一般的做法，优化了不少，在实际运行中可以通过。

【参考程序】

```cpp
//p3-2-1
#include<bits/stdc++.h>
#define N 100005
#define M 10081
using namespace std;
int n,cnt;
int v[N*2],next[N*2],last[N*2];
long long f[N][3];
bool flag[N];
void ins(int x,int y)
{
    cnt++;
    v[cnt]=y;
    next[cnt]=last[x];
    last[x]=cnt;
}
void dfs(int x)
{
    int f1=1,f2=1,k;
    flag[x]=1;
    k=last[x];
    while(k!=0)
    {
        if(!flag[v[k]])
        {
            dfs(v[k]);
            f1=(f1*f[v[k]][2])%M;// 子树根结点在独立集中的答案
            f2=(f2*(f[v[k]][1]+f[v[k]][2]))%M;// 子树根结点不在独立集中的答案
        }
        k=next[k];
    }
    f[x][1]=f1;
    f[x][2]=f2;
}
```

```
int main()
{
    cin>>n;
    int x,y;
    for(int i=1;i<n;i++)
    {
        cin>>x>>y;
        ins(x,y);ins(y,x);
    }
    dfs(1);
    cout<<(f[1][1]+f[1][2])%M;//最终答案即为两种情况的答案之和
}
```

例4 聪聪和可可

【问题描述】

聪聪和可可是兄弟俩，他们俩经常为了一些琐事打起来，例如家中只剩下最后一根冰棍而两人都想吃、两个人都想玩电脑（可是他们家只有一台电脑）……遇到这种问题，一般情况下通过做石头、剪刀、布的游戏就好了，可是他们已经玩腻了这种低智商的游戏。他们的爸爸快被他们的争吵烦死了，所以他发明了一个新游戏：

由爸爸在纸上画 n 个"点"，并用 $n-1$ 条"边"把这 n 个"点"恰好连通（其实这就是一棵树）。并且每条"边"上都有一个数。接下来由聪聪和可可分别随机选一个点（当然他们选点时是看不到这棵树的），如果两个点之间所有边上的数加起来恰好是 3 的倍数，则判聪聪赢，否则可可赢。

聪聪非常爱思考问题，在每次游戏后都会仔细研究这棵树，希望知道对于这张图自己的获胜概率是多少。现请你帮忙求出这个值以验证聪聪的答案是否正确。

【输入格式】

输入的第 1 行包含 1 个正整数 n。后面 $n-1$ 行，每行 3 个整数 x、y、w，表示 x 号点和 y 号点之间有一条边，上面的数是 w。

【输出格式】

以既约分数的形式输出这个概率（即 "a/b" 的形式，其中 a 和 b 必须互质。如果概率为 1，则输出 "1/1"）。

【输入样例】

```
5
1 2 1
1 3 2
1 4 1
2 5 3
```

【输出样例】

```
13/25
```

【样例说明】

13 组点对分别是 (1,1) (2,2) (2,3) (2,5) (3,2) (3,3) (3,4) (3,5) (4,3) (4,4) (5,2) (5,3) (5,5)。

【数据范围】

对于 30% 的数据，$n \leq 1000$；

另有 20% 的数据，给出的树中每个结点的度不超过 2；

对于 100% 的数据，$n \leq 20\,000$。

3.3 数位 DP

3.3.1 数位 DP 的基本思想

数位 DP 指一类依次考虑数字的每一位，并根据先前所选限制当前位的 DP。一般数据范围为 10^{18}，所以暴力枚举每个数判断肯定不优。因此需要通过数位 DP 来优化枚举过程，将每一位以前的对当前位的限制放在 DP 状态中，从而不需要具体枚举之前的每一位，只需要枚举当前位即可。下面以一道例题为引子。

例 5 倍数 (time，1s，256MB)

【问题描述】

给出 L 和 R，求 $L \sim R$ 中有多少个数不包含数字 x，同时是 y 的倍数。

$1 \leq L \leq R \leq 10^{18}, 1 \leq x \leq 9, 1 \leq y \leq 100$

【输入格式】

一行四个数：L、R、x、y。

【输出格式】

一行一个数，满足的数的个数。

【输入样例】

1 50 2 7

【输出样例】

4

【样例解释】

满足的数有 7、14、35、49 共 4 个。

【问题分析】

暴力做法即枚举 $L \sim R$，判断一个数是否为 y 的倍数并且不包含 x。优化可以直接枚举 y 的倍数，但当 y 很小或 $R-L$ 很大时仍然无法在时限内解决。

显然可以变成 R 的答案 $-(L-1)$ 的答案，那么问题变成求 $1 \sim s$ 中满足条件的数的个数。从大到小考虑每一位，假设当前考虑到第 i 位，如果 $i+1 \sim n$ 位的每个数都等于 s 的 $i+1 \sim n$ 位，则第 i 位只能选 $0 \sim s[i]$ 中除 x 外的数，否则可以选 $0 \sim x-1, x+1 \sim 9$。

那么在 DP 过程中维护一个数 0/1，表示当前的数是否小于 s 的 $i+1 \sim n$ 对应位。如果第 i 位

放的数 <s[i]，那么就必然小于 s。否则不能保证小于 s，所以维护的值不变。而且因为在枚举时就考虑了限制问题，所以不会不合法。

再根据本题的要求，维护当前数在模 y 意义下的值，即设 f[i][s][0/1] 表示当前要放第 i 位，模 y 等于 s，是否小于 i+1 ~ n 位。枚举第 i 位进行转移即可。

由于根据第 i 位的放法以及限制条件，直接把所有转移列出来会很麻烦，尤其是在限制条件较多的题中。这里推荐一种写法，枚举状态 f[i][j][k]，再枚举第 i 位所放数 s，分别考虑 i、j、k 会变成的 I、J、K，然后从 f[i][j][k] 向 f[I][J][K] 转移，这样只需要一条转移即可完成。

【参考程序】

```cpp
#include <bits/stdc++.h>
#define fo(a,b,c) for (a=b; a<=c; a++)
#define fd(a,b,c) for (a=b; a>=c; a--)
#define max(a,b)  (a>b?a:b)
using namespace std;
int a[20];
long long f[20][100][2];
int n,i,j,k,l,s,x,y,I,J,K,S;
long long L,R;
long long work(long long t)
{
    if (!t) return 1;
        n=0;
    while (t)
    {
        a[++n]=t%10;
        t/=10;
    }
    memset(f,0,sizeof(f));
    f[n][0][0]=1;
    
    fd(i,n,1)
    {
        I=i-1;
        fo(j,0,y-1)
        {
            fo(k,0,1)
            if (f[i][j][k])
            {
                if (k)
                S=9;
                else
                S=a[i];
                fo(s,0,S)
```

```
                if (s!=x)
                {
                        J=(j*10+s)%y;
                        if (s<a[i])
                        K=1;
                        else
                        K=k;
                        f[I][J][K]+=f[i][j][k]; // 考虑完ijk后只需要这一条转移
                }
            }
        }
    }
    return f[0][0][0]+f[0][0][1];
}
int main()
{
    freopen("example.in","r",stdin);
    freopen("example.out","w",stdout);

    scanf("%lld%lld%d%d",&L,&R,&x,&y);
    printf("%lld\n",work(R)-work(L-1));
}
```

3.3.2 数位 DP 的应用

对于数位 DP 有了基本的了解之后，接下来再看一道例题。

例 6 手机号码 (number，1s，512MB)

【问题描述】

人们选择手机号码时都希望号码好记、吉利。比如号码中含有几位相邻的相同数字、不含谐音不吉利的数字等。手机运营商在发行新号码时也会考虑这些因素，从号段中选取含有某些特征的号码单独出售。为了便于前期规划，运营商希望开发一个工具来自动统计号段中满足特征的号码数量。

该工具需要检测的号码特征有两个：号码中要出现至少 3 个相邻的相同数字；号码中不能同时出现 8 和 4。号码必须同时包含两个特征才满足条件。满足条件的号码例如：13000988721、23333333333、14444101000。而不满足条件的号码例如：1015400080、10010012022。

手机号码一定是 11 位数，且不含前导的 0。该工具接收两个数 L 和 R，自动统计出 $[L,R]$ 区间内所有满足条件的号码数量。L 和 R 也是 11 位的手机号码。

【输入格式】

输入文件内容只有一行，为空格分隔的两个正整数 L,R。

【输出格式】
输出文件内容只有一行，为一个整数，表示满足条件的手机号数量。

【输入样例】
12121284000 12121285550

【输出样例】
5

【数据解释】
满足条件的号码有：12121285000、12121285111、12121285222、12121285333、12121285550。

【数据范围】
$10^{10} \leq L \leq R < 10^{11}$

【问题分析】
先对于 4 和 8 的限制容斥，变成：不能选 4+ 不能选 8- 不能选 4 和 8，这样问题就变成了求不能出现某些数字，且要有连续 3 个数字相同的方案数。

设 $f[i][0/1][j][0/1/2/3]$ 表示当前到第 i 位，是否小于上界，末尾的数字及出现次数。转移枚举第 i 位选什么，如果已经有连续三个数字相同就不变，否则考虑选的数与 j 相同与否，分类讨论向后转移。

【参考程序】

```cpp
#include <bits/stdc++.h>
#define fo(a,b,c) for (a=b; a<=c; a++)
#define fd(a,b,c) for (a=b; a>=c; a--)
using namespace std;
int a[12];
long long f[12][2][10][4];
bool bz[10];
int n,i,j,k,l,I,J,K,L,s,S;
long long L2,R2,ans;
long long work(long long t)
{
    long long ans=0;
    if (t<10000000000ll)  return 0;
    n=0;
    while (t)
    {
        a[++n]=t%10;
        t/=10;
    }
    memset(f,0,sizeof(f));
    fo(k,1,a[n])
    if (!bz[k])
    {
```

```
            if (k<a[n])
                j=1;
            else
                j=0;
            f[n-1][j][k][1]=1;
    }
    fd(i,n-1,1)
    {
        I=i-1;
        fo(j,0,1)
        {
            fo(k,0,9)
            {
                fo(l,0,3)
                    if (f[i][j][k][l])
                    {
                        if (j)
                            S=9;
                        else
                            S=a[i];

                        fo(s,0,S)
                            if (!bz[s])
                            {
                                if (s<a[i])
                                    J=1;
                                else
                                    J=j;
                                if (l<3)
                                {
                                    if (s==k)
                                        K=k,L=l+1;
                                    else
                                        K=s,L=1;
                                }
                                else
                                    K=k,L=l;

                                f[I][J][K][L]+=f[i][j][k][l];
                            }
                    }
            }
        }
    }
```

```
        fo(j,0,1)
        {
            fo(k,0,9)
            ans+=f[0][j][k][3];
        }
        return ans;
}
int main()
{
    freopen("number.in","r",stdin);
    freopen("number.out","w",stdout);
    scanf("%lld%lld",&L2,&R2);
    bz[4]=1;bz[8]=0;
    ans+=work(R2)-work(L2-1);
    bz[4]=0;bz[8]=1;
    ans+=work(R2)-work(L2-1);
    bz[4]=1;bz[8]=1;
    ans-=work(R2)-work(L2-1);
    printf("%lld\n",ans);
}
```

对前导 0 有特殊要求的题目，一般要加上前导 0 这一维。

例 7　异或与和 (xor，2s，256MB)

【问题描述】

给出 L 和 R，求二元组 (a,b) 的对数，满足 $a+b=a$ xor b 且 $L \leq a,b \leq R$。
多组数据。

【输入格式】

第 1 行输入一个数 t，表示数据组数。

接下来 t 行，每行输入两个数 L 和 R，表示一组询问。

【输出格式】

共 t 行，每行一个数，表示询问的答案。

【输入样例】

3
1 4
323 323
1 1000000

【输出样例】

8
0
3439863766

【数据解释】

第一组询问满足的二元组有 (1,2), (1,4), (2,1), (2,4), (3,4), (4,1), (4,2), (4,3) 共 8 组。

第二组询问中满足 L 和 R 限制的只有 (323,323)，而 323+323 ≠ 323 xor 323。

【数据范围】

$1 \leq t \leq 100, 0 \leq L \leq R \leq 10^9$

例 8　里程计 (odometer, 1s, 256MB)

【问题描述】

FJ 的奶牛们在自驾游！它们车子上里程表显示的英里数是一个整数，旅程一开始时该数为 $X(100 \leq X \leq 10^{18})$ 英里，结束时该数为 $Y(X \leq Y \leq 10^{18})$ 英里。

当里程表显示一个"有趣的"数字时（包括旅程开始和结束），奶牛们就会哞哞叫。一个数字是"有趣的"仅当这个数字除去前导零之后，至少一半的数位上的数字相同。例如，数字 3223 和 110 是"有趣的"数字，但是数字 97791 和 123 不是。帮助 FJ 计算奶牛们在旅程中哞哞地叫了多少下。

【输入格式】

仅一行，两个整数 X 和 Y，如题目所述。

【输出格式】

输出单独一行一个整数，旅程中奶牛们哞哞叫的次数。

【输入样例】

```
110 133
```

【输出样例】

```
14
```

【数据解释】

旅程中里程表指数在 110 时开始，在 133 时结束。

当里程表的读数为 110, 111, 112, 113, 114, 115, 116, 117, 118, 119, 121, 122, 131 和 133 之一时，奶牛们会哞哞叫。

【数据范围】

对于 20% 的数据，$X \leq Y \leq 100\,000$。

对于 30% 的数据，$X \leq Y \leq 10\,000\,000$。

对于 40% 的数据，$X \leq Y \leq 3 \times 10^8$。

对于 100% 的数据，$X \leq Y \leq 10^{18}$。

例 9　XOR pair(xorpair, 2s, 256MB)

【问题描述】

给出 4 个非负整数 a、b、n 和 m，求出有多少数对 $(x,y)(0 \leq x \leq a, 0 \leq y \leq b)$ 满足 $x \oplus y = n$ 并且 $|x-y| \leq m$，其中 $\oplus$ 是异或位运算。

【输入格式】

输入有多组数据。第 1 行有一个整数 $T(1 \leq T \leq 10^5)$，表示测试数据组数。然后对于每组数据：每一行包含 4 个非负整数 a、b、n 和 $m(0 \leq a,b,n,m \leq 10^{18})$，含义如题所述。

【输出格式】

对于每组数据，输出一个非负整数表示这样的数对个数。

【输入样例】

```
5
1 1 1 1
10 10 10 10
100 100 100 100
1000 1000 1000 1000
10000 10000 10000 10000
```

【输出样例】

```
2
6
74
978
3618
```

【数据解释】

对于第 1 个样例，合法的数对如下：(0,1) 和 (1,0)。

对于第 2 个样例，合法的数对如下：(0,10)，(2,8)，(3,9)，(8,2)，(9,3) 和 (10,0)。

【数据范围】

$1 \leq T \leq 10^5, 0 \leq a,b,n,m \leq 10^{18}$

3.4 状态压缩 DP

3.4.1 状态压缩 DP 的基本思想

状态压缩 DP 指一类用二进制或其他进制压缩状态的 DP，而且元素总数在 20 左右。一般而言，状态里考虑的是每个元素的存在情况，那么如果不用二进制压缩可能就需要用十几维的 DP 状态来保存。而且二进制的运算速度较快，对于一些子集枚举的问题可以较为方便处理（见后文）。下面以一道例题为引子。

例 10　贡献和 (contribute, 1s, 256MB)

【问题描述】

给出 n 个正整数 ($n \leq 20$)，每次选取一个数 a_i，定义 sum= 先前所选的数从小到大排序后最小数 - 次小数 + 次次小数 - …，每次的贡献为 a_i*sum，要求安排一种选取方案使得总贡献之和最大。

【输入格式】

第 1 行输入一个数 n，第 2 行输入 n 个数 a_i，保证 $n \leq 20$ 且 $a_i \leq 100$。

【输出格式】

一行一个数，表示最大的总贡献。

【输入样例】

3
1 3 5

【输出样例】

13

【样例解释】

有 3 5 1 和 5 3 1 两种选择方式，以 3 5 1 为例。

选 3 时：贡献为 3×0=0。

选 5 时：贡献为 5×3=15。

选 1 时：贡献为 1×(3-5)=-2。

所以总贡献为 13。

同理，5 3 1 的贡献为 0+15-2=13。

【问题分析】

首先不难想到 $n!*n$ 的做法，把 n 个数排序后递归枚举每次选取的数，但是这样过不了 $n=20$ 的极限数据，因此考虑用状态压缩 DP 来解决问题。

设 $f[s]$ 表示选取状态为 s 的最大贡献，其中 s 在二进制下的第 i 位表示 i 是否已经被选择，0 表示未选，1 表示已选。判断 i 是否已选可以用 s & $(1<<(i-1))$ 判断，若结果 >0 则说明第 i 位为 1，否则为 0。为了方便和节省时间，用预处理 $p[i]$ 来代替 $1<<(i-1)$。

转移：$f[s]+a[i]*\text{sum}\text{-->}f[s|p[i]](p[i]\&s=0)$，每次选一个未选的乘上求得的 sum，加到下一个状态即可。

注意初始化时要把除 $f[0]$ 以外的设为 -inf，因为在转移过程中可能出现负数。

【参考程序】

```
#include <bits/stdc++.h>
#define fo(a,b,c) for (a=b; a<=c; a++)
#define fd(a,b,c) for (a=b; a>=c; a--)
#define max(a,b) (a>b?a:b)
using namespace std;
int a[21];
int p[21];
int f[1048576];
int n,i,j,k,l,ans,L,sum,s;
int main()
{
    freopen("example.in","r",stdin);
```

```
    freopen("example.out","w",stdout);
    scanf("%d",&n);
    fo(i,1,n)
    scanf("%d",&a[i]);
    sort(a+1,a+n+1);
    p[1]=1;
    fo(i,2,n)
    p[i]=p[i-1]*2;
    memset(f,128,sizeof(f));
    f[0]=0;
    L=p[n]*2-1;
    fo(i,0,L-1)
    {
sum=0;
        s=1;
        fo(j,1,n)
        if (i&p[j])
        {
            sum+=a[j]*s;
            s=-s;
        }
        fo(j,1,n)
        if (!(i&p[j]))
        f[i|p[j]]=max(f[i|p[j]],f[i]+a[j]*sum);
    }
    printf("%d\n",f[L]);
}
```

3.4.2 状态压缩 DP 的应用

对于状态压缩 DP 有了基本的了解之后，接下来再看一道例题。

例 11 夏娜的菠萝包 (bread，1s，64MB)

【问题描述】

夏娜很喜欢吃菠萝包，她的经纪人 RC 每半个月就要为她安排接下来的菠萝包计划。今天是 7 月份，RC 又要去商场进货买菠萝包了。

这次 RC 总共买了 N 种菠萝包，每种一个。每个菠萝包都有一个初始美味值 T_i，每过一天就会减少 D_i，即第 2 天美味值为 T_i-D_i，第 3 天为 $T_i-2 \times D_i$，依次类推。一旦美味值减为负数，那个菠萝包就坏掉了，不能吃了。

RC 每天都要为夏娜安排当天吃菠萝包的组合，这些组合不是随意的，而是只能从夏娜喜欢的 M 种搭配中挑选一种。每种搭配是由 K_i 个菠萝包组成的，一种搭配的总美味值是 K_i 个菠萝包当天的美味值之和再加上一个额外的搭配美味值 E_i。不过要注意，一旦某种搭配的其中一个菠萝包坏掉了,这个搭配就不能选用了。而且,有可能存在两个搭配,里面的组合是一样的,但额外的搭配美味值却不同。

RC 想让可爱的夏娜尽可能地吃得美味,因此希望能找出一种最优的方案,让小夏娜吃上若干天的菠萝包,这些天的美味值之和最大。

但 RC 面临着两个邪恶的敌人,一个叫 bug,一个叫 zzy,他们也想抢夺这个经纪人职位,因此要是他们提出更优的方案,RC 就可能会失去他的夏娜了。那么,你们能帮帮这个可怜的 RC 吗?

【输入格式】

输入文件包含多组数据。

每组数据的第 1 行为一个正整数 $N(N \leq 14)$,表示菠萝包的种数,按 1 ~ N 编号。

接下来 N 行,每行有两个正整数 $T_i(T_i<100)$ 和 $D_i(D_i<100)$,表示第 i 种菠萝包的初始美味值和每天递减值。

第 $N+2$ 行为一个正整数 M,表示搭配的种数。

接下来 $M(M \leq 20)$ 行,每行先是一个正整数 K_i,表示组成这个搭配的菠萝包数目,然后是一个非负整数 $E_i(E_i<100)$,表示这种搭配额外的美味值,最后是 K_i 个整数,每个整数为菠萝包的编号。

当 $N=0$ 时表示输入结束。

【输出格式】

对于每组输入数据输出一行,仅包含一个整数,表示最大的美味值之和。

【输入样例】

```
2
3 1
4 2
2
1 1 1
1 1 2
2
3 1
4 2
3
1 1 1
1 1 2
2 2 1 2
0
```

【输出样例】

```
8
9
```

【样例解释】

对于第一个样例,只有两个方案:

(1) 第 1 天选择搭配 1，即吃编号为 1 的菠萝包，美味值为 3+1=4；第 2 天选择搭配 2，即吃编号为 2 的菠萝包，美味值为 2+1=3。此时已把菠萝包都吃完了，总和为 4+3=7。

(2) 第 1 天选择搭配 2，即吃编号为 2 的菠萝包，美味值为 4+1=5；第 2 天选择搭配 1，即吃编号为 1 的菠萝包，美味值为 2+1=3，此时已把菠萝包都吃完了，总和为 5+3=8。

因此，第二个方案为最优方案，最大美味值总和为 8。

对于第二个样例，除了上述两个方案，还有另外一个方案：

第 1 天选择搭配 3，即编号为 1 和 2 的菠萝包一起吃，美味值为 3+4+2=9。此时已经把菠萝包都吃完了，总和即为 9。

虽然第三个方案只能吃 1 天，但因为其总和最大，所以选择第三个方案，答案为 9。

【问题分析】

不难想到对于 m 种方案求出选择的集合 $S[i]$，每种方案选择的 T 之和 $sum[i]$ 与 D 之和 $Sum[i]$（注意大小写）。

因为要保证没有一个菠萝包坏掉，再求出每种方案最晚能选择的时间 $g[i]$，$g[i]=\min(T[j]/D[j])(p[j]\&S[i]>0)$。那么一种方案的贡献为 $sum[i]-Sum[i]*time+E[i](time \leq g[i])$，设 $f[i][s]$ 表示时间为 i，选择方案为 s 的最大贡献。枚举一种方案，判断没有超过时间且对应集合都能选，转移即可。

【参考程序】

```cpp
#include <bits/stdc++.h>
#define fo(a,b,c) for (a=b; a<=c; a++)
#define fd(a,b,c) for (a=b; a>=c; a--)
#define min(a,b)  (a<b?a:b)
#define max(a,b)  (a>b?a:b)
using namespace std;
int T[15];
int D[15];
int sum[21];
int Sum[21];
int lim[15];
int p[15];
int E[21];
int S[21];
int g[21];
int f[15][16384];
int n,m,i,j,k,l,L,s,ans;
int main()
{
    freopen("bread.in","r",stdin);
    freopen("bread.out","w",stdout);
    p[1]=1;
    fo(i,2,14)
        p[i]=p[i-1]*2;
```

```
scanf("%d",&n);
while (n)
{
    L=p[n]*2-1;
    memset(S,0,sizeof(S));
    memset(sum,0,sizeof(sum));
    memset(Sum,0,sizeof(Sum));
    memset(f,128,sizeof(f));
    
    fo(i,1,n)
    scanf("%d%d",&T[i],&D[i]),lim[i]=T[i]/D[i];
    scanf("%d",&m);
    fo(i,1,m)
    {
        scanf("%d",&k);
        g[i]=2147483647;
        scanf("%d",&E[i]);
        fo(j,1,k)
        {
            scanf("%d",&l);
            S[i]|=p[l];
            g[i]=min(g[i],lim[l]);
            sum[i]+=T[l];
            Sum[i]+=D[l];
        }
    }
    ans=f[0][0]=0;
    fo(i,0,13)
    {
        fo(j,1,m)
        if (i<=g[j])
        {
            fo(k,0,L)
            if (!(k&S[j]))
            {
                f[i+1][k|S[j]]=max(f[i+1][k|S[j]],f[i][k]+(sum[j]-
                    Sum[j]*i)+E[j]);
                ans=max(ans,f[i+1][k|S[j]]);
            }
        }
    }
    
    printf("%d\n",ans);
    scanf("%d",&n);
```

```
        }
    }
```

例 12　cza 的蛋糕 (cake，1s，256MB)

【问题描述】

cza 特别喜欢吃海苔，怎么吃也吃不够。cza 的生日到来时，他的父母给他买了许许多多的海苔和一个生日蛋糕。海苔是一个 1×2 或 2×1 的长方形，而蛋糕则是一个 $n \times m$ 的矩阵。蛋糕上有一些蜡烛占据了位置，其他地方都可以放海苔。cza 的父母让 cza 把海苔尽可能多地放在蛋糕上，但是海苔不能够重叠放置。cza 想把海苔留着自己以后慢慢吃，可又不敢违背父母，于是他决定放一少部分在蛋糕上。为了不使父母起疑，cza 必须确保放置完海苔后，蛋糕上不存在 1×2 或 2×1 的空白以放置更多的海苔。cza 想知道这样得花多少海苔，请帮助他求出满足这样放置所需的最少海苔数。

【输入格式】

输入的第 1 行是蛋糕的规模 n 和 m (注意是 n 行 m 列)。

接下来的 n 行每一行含 m 个字符。每个字符要么是"."，表示空白；要么是"*"，表示蜡烛。

【输出格式】

输出文件只包含一个整数 k，表示满足题目要求的最小海苔数。

【输入样例】

```
3 3
...
.*.
...
```

【输出样例】

```
3
```

【数据范围】

对于 30% 的数据：$n \leq 5, m \leq 5$。

对于 100% 的数据：$n \leq 70, m \leq 7$。

例 13　吃货 JYY(eater，1s，128MB)

【问题描述】

世界上一共有 N 个 JYY 愿意去的城市，分别从 1 编号到 N。JYY 选出了 K 个他一定要乘坐的航班。除此之外，还有 M 个 JYY 没有特别的偏好，可以乘坐也可以不乘坐的航班。

一个航班我们用一个三元组 (x,y,z) 来表示，意思是这趟航班连接城市 x 和 y，并且机票费用是 z。每个航班都是往返的，所以 JYY 花费 z 的钱，既可以选择从 x 飞往 y，也可以选择从 y 飞往 x。

南京的编号是 1，现在 JYY 打算从南京出发，乘坐所有 K 个航班，并且最后回到南京，请你帮他求出最小的花费。

【输入格式】

输入数据的第 1 行包含两个整数 N 和 K；

接下来 K 行，每行三个整数 x、y、z 描述必须乘坐的航班的信息，数据保证在这 K 个航班中，不会有两个不同的航班在同一对城市之间执飞；

第 $K+2$ 行包含一个整数 M；

接下来 M 行，每行三个整数 x、y、z 描述可以乘坐也可以不乘坐的航班信息。

【输出格式】

输出一行一个整数，表示最少的花费。数据保证一定存在满足 JYY 要求的旅行方案。

【输入样例】

```
6 3
1 2 1000
2 3 1000
4 5 500
2
1 4 300
3 5 300
```

【输出样例】

```
3100
```

【数据解释】

样例说明：一个可行的最佳方案为 1→2→3→5→4→1。机票所需的费用为 1000+1000+300+500+300=3100。

【数据范围】

对于 10% 的数据满足 $N \leqslant 4$；

对于 30% 的数据满足 $N \leqslant 7$；

对于额外 30% 的数据满足 JYY 可以只通过必须乘坐的 K 个航班从南京出发到达任意一个城市；

对于 100% 的数据满足 $2 \leqslant N \leqslant 13$，$0 \leqslant K \leqslant 78$，$2 \leqslant M \leqslant 200$，$1 \leqslant x,y \leqslant N$，$1 \leqslant z \leqslant 10^4$。

例 14　合并 (merge, 2s, 512MB)

【问题描述】

给出一个数 k 和 n 个数 (都不能被 k 整除)，定义 $f(x)=x$ 不断除以 k 直到不能除为止得到的值。例如当 $k=3$ 时，$f(9)=f(3)=f(1)=1,f(8)=8$。

每次可以把两个数 a 和 b 合并变为 $f(a+b)$，求一种把 n 个数合并成 1 的方案。

【输入格式】

第 1 行输入两个数 n 和 k，第 2 行输入 n 个数 a_i，保证 a_i 的和不超过 2000。

【输出格式】

如果不能找到一种方案使得最终合并为 1 则输出 NO，否则输出 YES，接下来的 $n-1$ 行输出每次合并的两个数。

【输入样例】

```
4 3
```

7 8 13 23

【输出样例】

YES

23 13

8 7

5 4

【数据解释】

第一次合并：23 和 13-->$f(36)=4$

第二次合并：7 和 8-->$f(15)=5$

第三次合并：4 和 5-->$f(9)=1$

【数据范围】

$2 \leqslant n \leqslant 16, 2 \leqslant k \leqslant 2000$

3.5 单调队列优化

1. 单调队列的概念及使用前提

考虑这样一个问题：给定 n 个元素组成的序列 $\{a_1,a_2,\cdots,a_n\}$，要求输出每个元素前面包括自己的不超过 m 个元素的最小值。如 $n=8$，$m=4$，序列为 $\{4,3,5,6,4,6,8,2\}$，则应该输出 $\{4,3,3,3,3,4,4,2\}$。

考虑计算 $i=4$ 时的最小值，前面 4 个元素为 $\{4,3,5,6\}$，其中 3 比 4 小且位置在 4 的后面，由于要计算最小值，4 对于现在及以后的位置 i 都没有 3 优，可以彻底删除，只需考虑 $\{3,5,6\}$ 即可，这里的 5 和 6 虽然都大于 3，但由于 5 和 6 在后面，有可能对于后面某个位置来说成为最小值，需要保留，所以 $i=4$ 时输出 3；当 $i=5$ 时，考虑的元素在 $i=4$ 的基础上增加了新元素 4，即 $\{3,5,6,4\}$，由于 4<5, 4<6，且 4 位置靠后，因此 5 和 6 没有必要保留，可以删除，所以 $i=5$ 时只需考虑 $\{3,4\}$，输出 3；当 $i=6$ 时，考虑在 $i=5$ 的基础上增加元素 6，得 $\{3,4,6\}$，由于 3 相对 $i=6$ 来说已经超出了考虑范围，需要删除，因此 $i=6$ 时，只需考虑 $\{4,6\}$，输出 4。

以上分析用到了"单调队列"的思想。单调队列是指队列中的元素呈现单调递增或者单调递减。例如 $\{a_1,a_2,\cdots,a_n\}$ 满足 $a_1 \leqslant a_2 \leqslant \cdots \leqslant a_n$，则 a 序列便是单调递增序列（严格意义上说是单调不降序列）。

使用单调队列有两大前提。

(1) 涉及维护区间最值。

如上述问题中，定义 $f[i]$ 表示以 $a[i]$ 结尾的前面最多 m 个元素的最小值，则有 $f[i]=\min\{a[j]|\max(1,i-m+1) \leqslant j \leqslant i\}$，计算 $f[i]$ 就涉及区间 $[\max(1,i-m+1),i]$ 的最小值。

(2) 区间出现平移。

如上述问题中，区间左边界 $L_i=\max(1,i-m+1)$，右边界 $R_i=i$，随着 i 的增加，右边界 R_i 递增，左边界 L_i 非递减，当 $m \leqslant i$ 时，L_i 递增，区间 $[L_i,R_i]$ 呈现向右平移，相邻两个区间有很大一部分元素重叠，可能在尾部会增加新元素，也可能会在头部删除旧元素。

2. 单调队列的特点

单调队列有三大特点。

(1) 去除冗余状态。

单调队列的核心思想是去除"冗余"状态，把不可能成为最优解的元素彻底删除。如上述问题中，两个元素 a_j 与 a_k，如果满足 $k>j$ 且 $a_k \leqslant a_j$，a_k 比 a_j 位置靠后且取值还更小，a_k 在此后一直比 a_j 优，a_j 没有存在的必要，可以删除。

(2) 保持队列单调。

通过分析去除冗余状态得出队列中元素的单调性。如上述问题中，后面元素小于等于前面元素时，前面元素要删除，则应该保持队列单调递增；当插入元素时，当该元素与队尾元素不符合单调性，说明队尾元素不会成为最优解，可以删除。如此循环判断下去。

(3) 最优解在队首。

单调队列的队首元素就是最优解。如上述问题应该保持队列单调递增，则每次要选择的最小值就是队首元素。

3. 维护单调队列的步骤

以上述问题为例，需要维护单调递增队列，步骤如下：

(1) 如果当前队列非空且当前要添加的元素小于等于队尾，则队尾出队，循环执行直到满足队列的单调性或队列为空为止；

(2) 加入当前元素；

(3) 判断队首元素是否在规定范围内，如果超出范围则出队。

这样选取最小（大）值的时间复杂度就是 $O(1)$。又由于队列的性质，每个元素最多只会入队一次、出队一次，维护队列的时间复杂度均摊下来也是 $O(1)$，总时间复杂度为 $O(n)$，而普通做法的时间复杂度为 $O(nm)$。

例 15 烽火传递 (transmit，1s，256MB)

【问题描述】

烽火台又称烽燧，是重要的军事防御设施，一般建在险要地理位置或交通要道上。一旦有敌情发生，白天燃烧柴草，通过浓烟表达信息；夜晚燃烧干柴，以火光传递军情。在某两座城市之间有 n 个烽火台，每个烽火台发出信号都有一定代价。为了使情报准确地传递，在连续 m 个烽火台中至少要有一个发出信号。请计算总共最少花费多少代价，才能使敌军来袭之时，情报能在这两座城市之间准确传递。

【输入格式】

第 1 行有两个整数 n、m。其中 n 表示烽火台的个数，m 表示在连续 m 个烽火台中至少要有一个发出信号。

接下来一行有 n 个数 W_i，表示第 i 个烽火台发出信号所需代价。

【输出格式】

输出一行一个数，表示答案。

【输入样例】

```
5 3
1 2 5 6 2
```

【输出样例】

```
4
```

【数据范围】

对于 50% 的数据，$m \leq n \leq 1000$；

对于 100% 的数据，$m \leq n \leq 100\,000$，$W_i \leq 100$。

【问题分析】

设 $f[i]$ 表示"在前 i 个烽火台传递情报并满足前 i 个烽火台中任意连续 m 个烽火台都至少有一个发出信号"且"第 i 个烽火台发出信号"所需要的最小总代价。通过考虑"烽火台 i 前面一个发出信号的烽火台的位置 j"，i 与 j 之间的间距不能大于等于 m，否则就出现连续 m 个烽火台没有发出信号了，可以得到以下状态转移方程：

$$f[i]=\begin{cases}W_i & \text{当 } i\leq m \text{ 时}\\ W_i+\min\{f[j]|i-m\leq j\leq i-1\} & \text{当 } i>m \text{ 时}\end{cases}$$

用普通的方法实现以上转移方程，时间复杂度为 $O(nm)$。观察发现，$f[i]$ 的计算满足单调队列的两大前提。

(1) 涉及维护区间最值：计算 $f[i]$ 时用到 $\min\{f[j]|i-m\leq j\leq i-1\}$，这就是 f 在区间 $[i-m, i-1]$ 中的最小值。

(2) 区间出现平移：区间左边界 $i-m$ 和右边界 $i-1$ 随着 i 的递增而递增，区间呈现向右平移，相邻两个区间有很大一部分元素重叠。

单调队列的三大特点也符合：当 $j_2 > j_1$ 且 $f[j_2] \leq f[j_1]$ 时，$f[j_1]$ 在此后任何时刻都不可能比 $f[j_2]$ 优，可以删除 $f[j_1]$，因此维护队列单调递增，所以当计算 $f[i]$ 时，相对计算 $f[i-1]$ 时涉及的元素增加了 $f[i-1]$，在添加该元素时如果 $f[i-1]$ 小于等于队列尾部元素则删除队尾，直到队列为空或满足单调递增为止，然后把 $f[i-1]$ 添加到队列尾部；当队首元素的位置与当前位置 i 的间距达到 m 时就删除队首元素；最终最小值是队首元素。

通过用单调队列进行优化后，时间复杂度可以降到 $O(n)$。

【参考程序】

```cpp
#include<bits/stdc++.h>
using namespace std;
const int maxN=100100;
int n,m;
int ans,a[maxN],f[maxN],q[maxN],st=1,en=1;
int main(){
    freopen("beacon.in","r",stdin);
```

```
    freopen("beacon.out","w",stdout);
    cin>>n>>m;
    for(int i=1;i<=n;++i)cin>>a[i];
    f[1]=a[1];
    for(int i=2;i<=n;++i){
        while(en>=st&&f[q[en]]>=f[i-1])en--;// 维护队列单调递增，若不满足则删除队尾
        q[++en]=i-1;// 添加新元素 f[i-1]
        if(q[st]<i-m)st++;// 若队首元素与i的间距达到m，则删除队首
        f[i]=f[q[st]]+a[i];// 取最小值，最小值就在队首
    }
    ans=f[n];
    for(int i=n-1;i>=n+1-m;--i)// 最优值为 min{f[i]|n+1-m<=i<=n}
ans=min(ans,f[i]);
    cout<<ans<<endl;
    return 0;
}
```

例16 木板上色 (ograda, 1s, 256MB)

【问题描述】

有 N 块高度不同、宽度为 1 的木板，用一把宽度为 X 的刷子来给这些木板上色。每次只能选相邻的 X 块木板竖直上色，且最多到 X 块木板中高度最矮的那一块。问：不能上色的面积最小是多少？在这种情况下最少的上色步数为多少？

【输入格式】

输入文件的第 1 行为 N 和 X，$N \leq 10^6$。

第 2 行依次为 N 块木板的高度。

【输出格式】

输出两行，每行一个整数。分别表示不能上色的面积最小是多少和在这种情况下最少的上色步数。

【输入样例】

10 3
1 7 7 6 7 10 2 1 8 4

【输出样例】

17
5

例17 收集能量 (jump, 1s, 256MB)

【问题描述】

LHX 教主很能跳，因为 Orz(崇拜)他的人太多了。教主跳需要消耗能量，每跳 1 米就会消耗 1 点能量，如果教主有很多能量就能跳很高。

教主为了收集能量，来到了一个神秘的地方，这个地方凡人是进不来的。在这里，教主的正上方每 100 米处就有一个能量球(也就是这些能量球位于海拔 100 米、200 米、300 米、…处)，

每个能量球所能提供的能量是不同的，一共有 N 个能量球（也就是最后一个能量球在 N×100 米处）。教主为了收集能量，想跳着吃完所有的能量球。他可以自由控制每次跳的高度，只要跳起把这个高度以下的能量球都吃了，便能获得能量球内的能量，直到吃到的能量球消失。教主不会轻功，也不会二段跳，所以他不能因新吃到的能量而变化此次跳跃的高度。并且教主还是生活在地球上的，所以每次跳完都会掉下来。

问：教主若要吃完所有的能量球，最多还能保留多少能量？

【输入格式】

输入文件第 1 行包含两个正整数 N，M，表示能量球的个数和 LHX 教主的初始能量。

第 2 行包含 N 个非负整数，从左到右第 I 个数字依次从下向上描述了位于 I×100 米位置的能量球包含的能量，整数之间用空格隔开。

【输出格式】

输出一行一个非负整数，为教主吃完所有能量球后最多保留的能量。

【输入样例】

3 200
200 200 200

【输出样例】

400

【样例说明】

第一次跳 100 米，得到 200 能量，消耗 100 能量，所以落地后拥有 300 能量。

第二次跳 300 米，吃到剩下的第三颗能量球，消耗拥有的 300 能量，得到 400 能量。

若第一次跳 200 米，第二次跳 300 米，最后剩余 300 能量。

【数据范围】

对于 10% 的数据，有 $N \leq 10$；

对于 20% 的数据，有 $N \leq 100$；

对于 40% 的数据，有 $N \leq 1000$；

对于 70% 的数据，有 $N \leq 100\,000$；

对于 100% 的数据，有 $N \leq 2\,000\,000$。

保证对于所有数据，教主都能吃到所有的能量球，并且能量球包含的能量之和不超过 $2^{31}-1$。

3.6 斜率优化动态规划

3.6.1 知识讲解

1. 问题引入

考虑这样一个问题：现在要给 n 个数 a[1],a[2],⋯,a[n] 分组，每分出一组，你的代价为该组

所有数的和的平方 + 一个常数 M(即设你分出的一组数字是 2,3,4，M=5，则你分出该组的代价为 (2+3+4)²+5)，求出一种分组方式使得代价总和最小，输出这个最小的代价和。

如果是最基础的 DP，显然能够列出：设 dp[i] 为将 1～i 分组的最小代价和，s[i] 为 a[1]+a[2]+…+a[i] 的和。dp[i]=min(f[j]+(s[i]−s[j])²+M),(0≤j<i)。但是这样 DP 的时间复杂度是 $O(n^2)$，如果 n 很大 (比如说 n=100 000)，这样的时间复杂度我们是接受不了的，我们需要寻求优化。

2. 基本概念

斜率优化，也就是说把决策与决策之间表示成一个类似斜率 $\frac{y_1-y_2}{x_1-x_2}$ 的式子，进一步分析其中的单调性，并用队列维护其有用决策。因此斜率优化又叫队列优化。

怎么运用这个性质来优化 DP 呢？建立一个队列 d 表示可能的决策点集合，每次算出 dp[i] 的值，便可以知道 f[i] 的值了。将 i 加入这个集合，根据上述的性质，可以用 i 删去这个集合中的某些点。具体来说，就是删去所有 g(j,k)>g(i,j) 的 j。那难道要枚举每个 j,k 把它们尝试删除吗?

每次这样维护，可以知道将队列 d 中的点映射到平面上 (以 s 为横坐标，以 f 为纵坐标)，它们依次的连线是下凸的 (因为 g(j,k) 的本质就是斜率)，如图 3-4 所示。

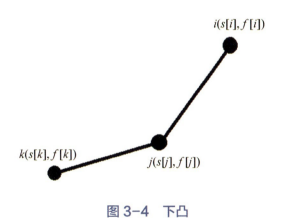

图 3-4 下凸

有这样一个性质：每次在队列末尾插入一个点 i，就只需要检验在队列中 i，与 i 前面一个位置 j，与 j 前面一个位置 k(这里所说的位置都是指在队列中的位置)，是否呈下凸的，如果不呈，则将 j 删去后继续检验，直到呈下凸为止 (这个用 while 循环可以实现)。

这样，就得到一个由所有可能决策点所组成的队列 d，如果现在要求 dp[i]，应该由队列 d 中的哪个转移过来呢?

现在知道集合 d 是下凸的，也就是 g 的值是逐渐递增的，需要寻找一个最大的 g(j,k)，使得 g(j,k)<2×s[i]，那么这个 j 就是最优的决策点。证明：因为 g(j,k)<2×s[i]，所以对于 i 来说，j 比 k 优，因为 g 递增，所以对于 k 后一个位置 1，g(k,l)<g(j,k)<2×s[i]，所以 k 比 1 优，以此类推，对于 i 来说，j 应为最优的决策点。因为 g 的递增性，寻找最大的 g(j,k)<2×s[i]，可以用二分法，总的时间复杂度就可以优化成 O(nlogn)，这是一般的斜率优化的解法。但注意到这题有个性质，就是 s[i] 也是递增的，这样就可以像单调队列那样来找到最优决策点，而不用二分，这时的时间复杂度就是 O(n) 了。

例18 特别行动队 (action，1s，256MB)

【问题描述】

你有一支由 n 名预备役士兵组成的部队，士兵从1到 n 编号，要将他们拆分成若干特别行动队调入战场。出于默契考虑，同一支特别行动队中队员的编号应该连续，即形如 $(i, i+1, \cdots, i+k)$ 的序列。

编号为 i 的士兵的初始战斗力为 x_i，一支特别行动队的初始战斗力 x 为队内士兵初始战斗力之和，即 $x=(x_i)+(x_{i+1})+\cdots+(x_{i+k})$。

通过长期的观察，总结出一支特别行动队的初始战斗力 x 将按如下经验公式修正为 x'：$x'=ax^2+bx+c$，其中 a、b、c 是已知的系数 $(a<0)$。

作为部队统帅，现在你要为这支部队进行编队，使得所有特别行动队修正后战斗力之和最大。试求出这个最大和。

例如，你有 4 名士兵，$x_1=2, x_2=2, x_3=3, x_4=4$。经验公式中的参数为 $a=-1$，$b=10$，$c=-20$。此时，最佳方案是将士兵组成 3 个特别行动队：第一队包含士兵 1 和士兵 2，第二队包含士兵 3，第三队包含士兵 4。特别行动队的初始战斗力分别为 4、3、4，修正后的战斗力分别为 4、1、4。修正后的战斗力和为 9，没有其他方案能使修正后的战斗力和更大。

【输入格式】

输入由三行组成。第1行包含一个整数 n，表示士兵的总数。第2行包含三个整数 a、b、c，经验公式中各项的系数。第3行包含 n 个用空格分隔的整数 $x_1, x_2, \cdots, x_n$，分别表示编号为 1，2，$\cdots$，n 的士兵的初始战斗力。

【输出格式】

输出一个整数，表示所有特别行动队修正战斗力之和的最大值。

【输入样例】

```
4
-1 10 -20
2 2 3 4
```

【输出样例】

```
9
```

【数据范围】

20% 的数据中，$n \leq 1000$；

50% 的数据中，$n \leq 10000$；

100% 的数据中，$1 \leq n \leq 1\,000\,000, -5 \leq a \leq -1, b \leq 10\,000\,000, |c| \leq 10\,000\,000, 1 \leq x_i \leq 100$。

【问题分析】

容易写出 DP 方程：$dp[i]=\max(dp[j]+a\times(s[i]-s[j])^2+b\times(s[i]-s[j])+c)$。考虑斜率优化。我们回忆一下上文的步骤，令 $k<j<i$，考虑对于 i 来说 j 比 k 优的情况，列出式子 $dp[j]+a\times(s[i]-s[j])^2+b\times(s[i]-s[j])+c>dp[k]+a\times(s[i]-s[k])^2+b\times(s[i]-s[k])+c$，令 $f[x]=dp[x]+a\times s[x]^2$，则可得 $(f[j]-f[k])/(s[j]-s[k])>2\times a\times s[i]+b$。令 $g(j,k)=(f[j]-f[k])/(s[j]-s[k])$，则若 $g(j,k)>2\times a\times s[i]+b$，则对于

i 来说 j 比 k 优，反之相反。可得结论若有 $g(j,k)<g(i,j)$，（其中 $k<j<i$），则 j 不再可能成为一个决策点。我们维护可能的决策点队列 d，根据结论可知将 s 作为横坐标，f 作为纵坐标，映射到平面上，是要维护一个上凸的图形（斜率要递减）。每次加入一个点到队列 d 中，为了维护上凸的性质就会删去一些点。然后我们在队列 d 中，用单调队列维护一个斜率大于 $2\times a\times s[i]+b$ 且斜率最小的点，作为 $dp[i]$ 的转移点。

【参考程序】

```
#include<cstdio>
long long s[1000010],p[1000010];
long long f[1000010];
int d[1000010];
int main()
{
    int n;
    scanf("%d",&n);
    long long a,b,c;
    scanf("%lld%lld%lld",&a,&b,&c);
    int x;
    for (int i=1;i<=n;i++) scanf("%d",&x),s[i]=s[i-1]+x;//s是前缀和
    f[0]=0;
    int head=1; int tail=1; d[1]=0;
    for (int i=1;i<=n;i++)
    {
        while (head<tail && p[d[head+1]]-p[d[head]]>(2*a*s[i]+b)*(s[d[he
            ad+1]]-s[d[head]])) head++;// 从单调队列中找出转移点
        int j=d[head];
        f[i]=f[j]+a*(s[i]-s[j])*(s[i]-s[j])+b*(s[i]-s[j])+c;
        // 这里的 f 相当于分析中的 DP 数组
        p[i]=f[i]+a*s[i]*s[i];// 这里的 p 相当于分析中的 f 数组
        while (tail>head && (p[d[tail]]-p[d[tail-1]])*(s[i]-s[d[tail]])
            <(p[i]-p[d[tail]])*(s[d[tail]]-s[d[tail-1]])) tail--;
        // 为维护上凸，将一些点删去
        d[++tail]=i;
    }
    printf("%lld\n",f[n]);
    return 0;
}
```

总结：

(1) 先列出一个最基础的 DP；如果这个 DP 不涉及最小最大值转移，或对转移有较多复杂的限制条件，则无法用斜率优化。

(2) 令 $k<j<i$，考虑对于 i 来说 j 比 k 优的情况，列出式子，并转换为一个形如 $(f[j]-f[k])/$

($s[j]-s[k]$)<(或 >)$s[i]$ 的式子 (这个大于小于号是根据题目是求最小值还是最大值确定的)。如果转化不了说明这个 DP 不能用斜率优化。

(3) 得到结论当 $g(j,k)$<(或 >)$g(i,j)$ 时，j 不再可能是一个最优决策点。

(4) 对于可能的决策点队列 d，根据结论维护上凸或下凸，即每次加入一个点就删去一些点。

(5) 在队列 d 中，二分查找一个斜率小于 $s[i]$ 且斜率最大的点 (或斜率大于 $s[i]$ 且斜率最小的点，看不等式符号决定)，作为 $dp[i]$ 的转移点。特殊地，如果 $s[i]$ 单调递增递减，还可以用单调队列维护。

3.6.2 实践巩固

例 19 玩具装箱 (enchase, 1s, 256MB)

【问题描述】

P 教授要去看奥运会，但是他舍不下他的玩具，于是决定把所有的玩具运到北京。他使用自己的压缩器进行压缩，其可以将任意物品变成一堆，再放到一种特殊的一维容器中。P 教授有编号为 $1,2,\cdots,N$ 的 N 件玩具，第 i 件玩具经过压缩后变成一维长度为 $C[i]$。为了方便整理，P 教授要求在一个一维容器中的玩具编号是连续的。同时如果一个一维容器中有多个玩具，那么两件玩具之间要加入一个单位长度的填充物，也就是说，如果将第 i 件玩具到第 j 件玩具放到一个容器中，那么该容器的长度将为 $x=j-i+C[k],(i \leqslant k \leqslant j)$。

制作容器的费用与容器的长度有关，根据教授研究，如果容器长度为 x，其制作费用为 $(x-L)^2$，其中 L 是一个常量。P 教授不关心容器的数目，他可以制作出任意长度的容器，甚至超过 L。但他希望费用最小。

【输入格式】

第 1 行输入两个整数 N、L，第 2 行输入所有 $C[i]$，$1 \leqslant N \leqslant 50\,000, 1 \leqslant L, C[i] \leqslant 10^7$。

【输出格式】

一行，输出最小费用。

【输入样例】

```
5 4
3 4 2 1 4
```

【输出样例】

```
1
```

第 4 章

图论

图论是联赛中逢考必考的知识点，其重要性不言而喻。二元组（V,E）称为图，其中 V 为顶点的集合，E 为 V 中顶点之间的边的集合。一般图分为有向图与无向图，且有点权、边权等基本元素。图能解决大量的竞赛问题，如一笔画问题、最短路径问题、判环、网络流等。在本章编者将会带着读者们一起从概念入手，了解图是什么、图怎么储存、各种图的类型和性质以及如何处理图上的基础问题等。

4.1 图的基本概念

4.1.1 图的一些定义和概念

图是信息学当中一个较为重要的结构，在本节中，我们将学习图的一些基本的定义与概念，帮助各位读者入门。

如图 4-1 是一个图，我们定义一个图 $G(V,E)$，其中 V 是边集，E 是点集。

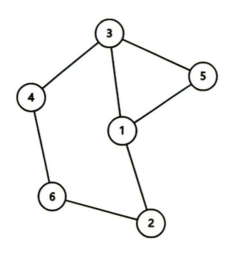

图 4-1 连通图示例

那么图 4-1 的点集为 {1,2,3,4,5,6}，边集为 {(1,3),(1,5),(3,5),(1,2),(2,6),(4,6),(3,4)}。

1. 点

点：是图最基本的元素。我们可以给点编号，如图 4-1 就给点从 1 到 6 编号（当然也可以从 0 开始）。

2. 边

边：连接点与点的元素。边分为无向边和有向边两种。

(1) 无向边，如图 4-1 中的边就是无向边，即没有方向的边。对于一条无向边 (a,b)，我们可以从点 a 走到点 b，也可以从点 b 走到点 a。

(2) 有向边，和无向边相对，即边是有方向的。对于一条有向边 (a,b)，我们只能从点 a 走到点 b，而不能从点 b 走到点 a。

相信聪明的读者发现了，对于一条无向边，我们可以将它拆成两条有向边，这个结论在我们存储边的时候有巨大的作用。

当然，有时候我们的边会有一个权值（我们称之为边权），点也有可能会有权值（同理，我们称之为点权），在不同的题目中会有不同的用处，这个我们在后面的算法中会详细介绍。

3. 图

图：就是由点和边组成的一种结构。

下面介绍几个概念。

(1) 连通图：在这个图内，所有点互相之间可以到达，我们就称这个图为连通图。换言之，假如在一个图中，所有边将所有点连了起来，那么这就是一个连通图 (图 4-1 就是连通图。而图 4-2 则不是，左边的点和右边的点无法互相到达)。

(2) 树：在一个连通图内，如果有 n 个点，$n-1$ 条边，那么我们就可以称其为树。树有一些奇妙的性质，这里介绍两个：① 树内删除任意一条边，该图都会变成非连通图；② 树内任意两点之间有且仅有一条简单路径 (简单路径就是不重复经过点的路径)。

图 4-3 所示为一棵树。

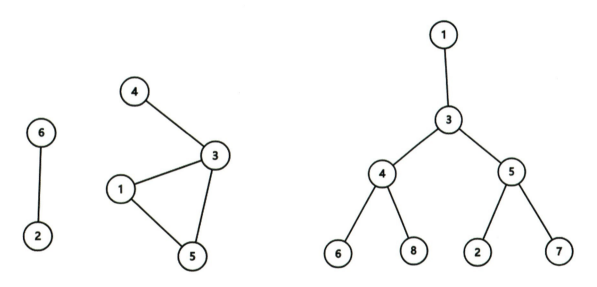

图 4-2　非连通图示例　　　　　　　　　　图 4-3　树的示例

树是图里面较为常见的一种。接下来介绍几个有关树的定义，方便大家学习后面的章节。

① 根：树最上面的点 (深度最浅的点)。一棵树每个点都可以当根，一般如没有特殊说明，我们假定编号为 1 的点为树的根。

② 父亲：这个点上面连接的一个点。

③ 祖先：该点往上直到根的路径的所有点。

④ 儿子：一个点相连的除了父亲的所有点。

⑤ 深度：从根开始到这个点需要经过简单路径的边数 +1，一般把整棵树深度最深的点的深度叫作这棵树的层数。

⑥ 子树：一个点以及它底下所有点构成的集合。

在某些树中，有时候会出现环，这时候可能会有如下两种边。

返祖边：一个点到达它的祖先的边 (如图 4-3 中的 6 到 3)。

横插边：一个点到达另外的子树中的点 (如图 4-3 中的 6 到 2)。

(3) 菊花图：就是一个像菊花一样的图，仅有一个点连向其余所有点的图，如图 4-4 所示。

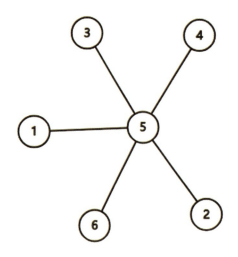

图 4-4 菊花图示例

至此,我们已经初步入门了图。图涉及的算法应该是整个信息竞赛中应用最广泛、最重要的部分,它涉及的性质也值得读者去深思。

4.1.2 图的存储结构

下面介绍三种基本的图的存储方式。

首先,我们要知道,对于一个图,它的点集是我们编号的,所以我们不需要一般存储点,那么存储一张图其实就是存储边(所以接下来的是边的存储)。

1. 邻接矩阵

对于一张图,我们可以用一个二维矩阵来存储它,如图 4-5 所示。

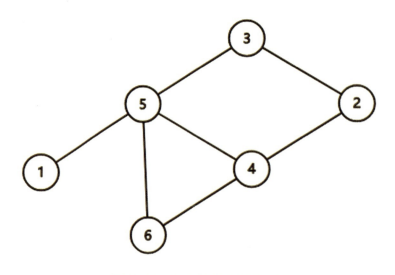

图 4-5 有 6 个顶点的图示例

我们可以用矩阵 $a[i][j]$(见表 4-1)来表示 i 是否可以到 j(可以到为 1,否则为 0)。

表 4-1 邻接矩阵

\	1	2	3	4	5	6
1	0	0	0	0	1	0
2	0	0	1	1	0	0
3	0	1	0	0	1	0
4	0	1	0	0	1	1
5	1	0	1	1	0	1
6	0	0	0	1	1	0

那么我们就可以很方便地判断一个点和另一个点连接是否有边。

当然，对于有权值的边，我们也可以直接在矩阵中赋为边的权值。

代码如下：

```
#include<cstdio>
#define N 1005
using namespace std;
int a[N][N],n,m;
int main(){
    scanf("%d%d",&n,&m);// 输入结点个数 n、边的条数 m
    for (int i=1,x,y;i<=m;i++){
        scanf("%d%d",&x,&y);// 每次输入一条边连接的两个结点
        a[x][y]=1,a[y][x]=1;// 将两个结点在邻接矩阵中标为有边（这里为双向边，也就是无向边）
    }
}
```

2. 邻接表

我们发现如果用邻接矩阵来存储一张图，假如需要找一个点与哪些点相连，每次都需要扫一遍数组，效率很低，于是乎，我们就有了邻接表。

在邻接表中，对于每一个点处理出一个带有指针的数组，表示当前有多少个点与该点相连。还是借用图4-5，可以处理出如表4-2所示的数组。

表 4-2 邻接表

\	1	2	3	4	5	6
1	5					
2	2	3				
3	2	5				
4	2	3	5			
5	1	3	4	6		
6	4	5				

假如我们需要记录边的权值的时候，就要再创建一个数组，用 $b[i][j]$ 记录 i 连向 $a[i][j]$ 的边的权值。代码如下：

```
#include<cstdio>
#define N 1005
using namespace std;
int a[N][N],n,m,p[N];//p 数组表示当前结点连出去了多少条边
int main(){
    scanf("%d%d",&n,&m);// 输入结点个数 n、边的条数 m
    for (int i=1,x,y;i<=m;i++){
        scanf("%d%d",&x,&y);// 每次输入一条边连接的两个结点
        p[x]++,a[x][p[x]]=y;//x 连向 y
        p[y]++,a[y][p[y]]=x;//y 连向 x
    }
}
```

3. 前向星

在题目中，往往会发现有 10^5 甚至更多的点，我们无法将一个数组设置到 n^2 那么大，于是就有了存储边的终极算法——前向星。

先介绍几个定义。

对于一条有向边 (x,y)（x 连向 y），定义以下指针及数组。

- tot：指针，每次新增一条边，我们就将它加 1，指向我们记录数组的下一个位置。
- tov：记录数组，我们用它表示这条边连向了哪个结点（注意是连向的结点）。
- nex：记录数组，记录 x 连出去的边的上一个在记录数组中的位置。
- last：表示 x 的连出去的边的当前位置。

(len：记录数组，表示这条边的权值)

下面我们用代码来理解一下以上几个定义。

```
#include<cstdio>
#define N 1005// 点的个数
#define M 5005// 边的条数
using namespace std;
int n,m,last[N],nex[M*2],tov[M*2],tot,len[M*2];// 注意数组的范围
void ins(int x,int y){// 存储 x 连向 y 的边
    tot++;
    tov[tot]=y;
    nex[tot]=last[x];
    last[x]=tot;
}
void ins_len(int x,int y,int z){// 下面是有边权版本的，z 是边权
    tot++;
    tov[tot]=y;
    len[tot]=z;
```

```
    nex[tot]=last[x];
    last[x]=tot;
}
int main(){
    scanf("%d%d",&n,&m);//输入结点个数 n、边的条数 m
    for (int i=1,x,y;i<=m;i++){
        scanf("%d%d",&x,&y);//每次输入一条边连接的两个结点
        ins(x,y);//x 连向 y
        ins(y,x);//y 连向 x
    }
}
```

我们着重理解一下 ins 这一段。

tot++;　　首先，我们要让指针 +1

tov[tot]=y;　　接着，我们需要将点放进记录数组

(len[tot]=z;　　有边权的话我们就直接记录下边权

nex[tot]=last[x];　　再将这一位的指针指向 x 出去的上一条边的位置

last[x]=tot;　　最后更新 last[x]，记录下当前边的位置

当然，如果想让代码简洁，我们也可以这样书写：

```
void ins(int x,int y){tov[++tot]=y,nex[tot]=last[x],last[x]=tot;}
```

那么我们应该怎么用上边的数组找出 x 的出边呢？

我们可以这样：

```
int i=last[x];
while (i>0)
{
   int y=tov[i];
   // 这里的 y 就是连向的点
   i=nex[i];
}
```

就是每次从最后加入 x 的出边开始找到一个点，再往前跳就好了。

简洁一点的写法如下：

```
for (int i=last[x],y;i;i=nex[i])
{
   y=tov[i];
   // 这里的 y 就是连向的点
}
```

至此，我们就学习完了图的三种存储方式。

总结一下 (如下的 k 是一个点往外连边的条数)，如表 4-3 所示。

表 4-3 时空复杂度分析

名 称	空 间	存储时间	调用时间	查找是否存在连向 y 的边	实用性
邻接矩阵	N^2	O(1)	O(n)	O(1)	⭐⭐
邻接表	N^2	O(1)	O(k)	O(k)	⭐
前向星	N+M	O(1)	O(k)	O(k)	⭐⭐⭐

为什么邻接矩阵比邻接表还要实用呢？

因为邻接表的每一种特点前向星都有，我们可以用前向星来代替邻接表，但是相比前向星和邻接表，邻接矩阵可以在 $O(1)$ 的时间内查找是否有连向一个指定点的边。但是对于一般的图，我们都是用前向星存储的，所以掌握好前向星才是最重要的。对于前向星，切记不可只背模板，一定要熟练、灵活地运用好它，才能初步掌握图论。

4.2 图的遍历

4.2.1 深度优先遍历和广度优先遍历

相信大家在前面已经学习过关于深度优先搜索和广度优先搜索的知识了，那么当我们将它的思想转移到图上，其实就是图的深度优先搜索和广度优先搜索了。

先来看图 4-6。

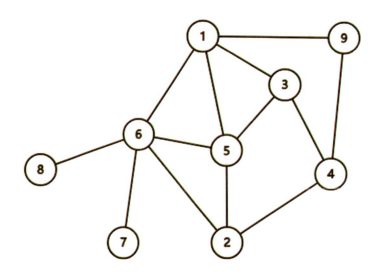

图 4-6 要被遍历的图

现在有一堆景点，小 k 想从 1 号结点开始游玩，不重复地经过所有结点，那么应该怎么有规律地走完这张图呢？

第一种："不撞南墙不回头"式(深度优先搜索)，从一个点出发，每次往一个景点走，到了之后继续走，走到一个景点再也走不下去了，就可以掉头回来了，如此游完所有景点。

第二种："雨露均沾"式(广度优先搜索)，从一个点出发，走完与它相邻的所有结点再走下一个结点。

接下来详细介绍一下。

1. 深度优先搜索

我们来用上面的"不撞南墙不回头"式的思想来实现对图4-6的遍历。

我们需要一个bz数组来表示一个点有没有被走过。

首先，我们走到了1号结点，从它出发，到了6号结点，再从6号结点出发，到了7号结点，标记了1、6、7号结点。

接着，我们发现到了7号结点，它只连向6号结点，但是6号结点却已经被标记过了，于是乎，我们撞了南墙，之后没有地方走了，所以回到之前的6号结点，看看有没有其他点可以走。

我们又到了8号结点，与7号结点一样，它只连向6号结点，但是6号结点被标记过了，再一次撞了南墙，又回到6号结点。

我们抱着再撞南墙的心思来到了2号结点。然而这次我们惊奇地发现没有撞南墙，可以继续走。我们到了5号结点，又到了3号结点，再到了4号结点，最后一路畅通地到了9号结点。

于是我们得到了遍历顺序：

1 → 6 → 7 → 8 → 2 → 5 → 3 → 4 → 9

(这只是一种顺序而已，具体顺序要看边的顺序)

我们可以用递归来实现图的遍历，代码如下：

```cpp
#include<cstdio>
#define N 3005
#define M 10005
using namespace std;
int n,m,p[N],last[N],tot,nex[M],tov[M],bz[N];
int ins(int x,int y){tov[++tot]=y,nex[tot]=last[x],last[x]=tot;}// 前向星连边
int dg(int x)
{
    bz[x]=1,p[++p[0]]=x;
    for (int i=last[x];i;i=nex[i])
        if (!bz[tov[i]])// 走过的点不能再走
            dg(tov[i]);
}
int main()
{
    scanf("%d%d",&n,&m);
    for (int i=1,x,y;i<=m;i++)
        scanf("%d%d",&x,&y),ins(x,y),ins(y,x);
    dg(1);
    for (int i=1;i<=n;i++)// 输出递归遍历的顺序
        printf("%d\n",p[i]);
```

}

2. 广度优先搜索

所谓雨露均沾，就是把每个点的周围走遍了再去走下一个点。

同样，我们需要一个 bz 数组来表示一个点有没有被走过。

首先，我们从 1 号结点出发，走完 3、5、6、9 号结点。然后从 6 号结点开始走，走完 2、7、8 号结点 (5 号结点已经走过了)。再从 3 号结点开始走，走到 4 号结点。至此，走完了全部的 9 个结点。

我们可以用一个队列实现：

```cpp
#include<cstdio>
#define N 3005
#define M 10005
using namespace std;
int n,m,w[N],last[N],tot,nex[M],tov[M],bz[N],h,t;//w是队列，h是头指针，t是尾指针
int ins(int x,int y){tov[++tot]=y,nex[tot]=last[x],last[x]=tot;}// 前向星连边
int main()
{
    scanf("%d%d",&n,&m);
    for (int i=1,x,y;i<=m;i++)
        scanf("%d%d",&x,&y),ins(x,y),ins(y,x);
    w[t=1]=1,bz[1]=1,h=0;// 初始化：把1加入队列，并且标记
    while (h<t)
    {
        int x=w[++h];
        for (int i=last[x];i;i=nex[i])// 枚举连向的点
            if (!bz[tov[i]])
                w[++t]=tov[i],bz[tov[i]]=1;
                // 把没有遇到过的点加入队列，并且打上标记
    }
    for (int i=1;i<=n;i++)// 输出广度优先搜索遍历的顺序
        printf("%d\n",w[i]);
}
```

4.2.2 一笔画问题

1. 知识讲解

这是一个很经典的数学问题。

先说一下起源：

18 世纪初普鲁士的哥尼斯堡，有一条河穿过，河上有两个小岛，有七座桥把两个岛与河岸联系起来 (见图 4-7(a))。有个人提出一个问题：一个步行者怎样才能不重复、不遗漏地一次走完七座桥，最后回到出发点？

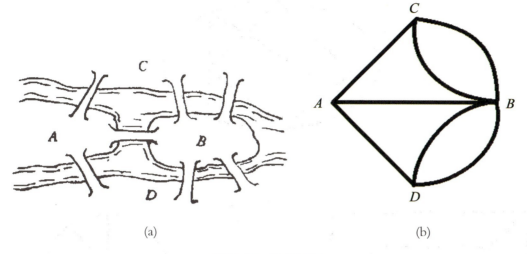

图 4-7 七桥问题

我们也可以将图形简化成图 4-7(b)，那么问题就变成了能否一笔画完这个图形。

这个问题成了一个谜团，直到 1736 年，数学家欧拉才证明了这张图不能一笔画完。同时，他也提出了一个定理（往外连奇数条边的点叫奇点，往外连偶数条边的点叫偶点）。

一笔画定理：一个图形要能一笔画完成必须符合如下两个条件，即

(1) 图形是连通的；

(2) 图形中的奇点个数为 0 或 2。

证明较为烦琐，在此不做赘述。

至此，也有了数学中的另一个分支：图论与几何拓扑。

举几个例子：图 4-8 至图 4-10 就是可以一笔画的，图 4-11、图 4-12 就不行。

那么，当我们将一笔画的点变成我们所学的图论中的点时，信息学中的一笔画问题，也就此诞生。

我们应该怎么将这个经典的数学模型转成图呢？

首先，我们可以找到那些特殊点，将它们编号。接着，我们将点与点之间的边连起来，就成功地把一个几何图变成信息学里面的图了，那么一个图可以被一笔画出，当且仅当在我们建出的这个图中可以从一个点出发不重复地经过所有点。

图 4-8 一笔画 (1)

图 4-9 一笔画 (2)

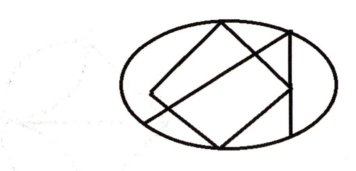

图 4-10　一笔画(3)

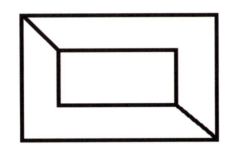

图 4-11　非一笔画(1)

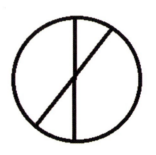

图 4-12　非一笔画(2)

来看一道题。

例 1　一笔画问题 (stroke，1s，256MB)

【问题描述】

给出一张图，询问这个图是否可以被一笔画出。(保证图连通，边均为无向边)

【输入格式】

第 1 行给出 n、m，表示这张图的点和边数。

接下来 m 行，每行 x、y 表示 x 到 y 有一条边。

【输出格式】

可以则为"Yes"，否则为"No"(不包含引号)。

【输入样例】

```
5 6
1 5
1 2
2 3
3 5
2 4
3 4
```

【输出样例】

```
Yes
```

【样例解释】

一笔画的方法见图 4-13。

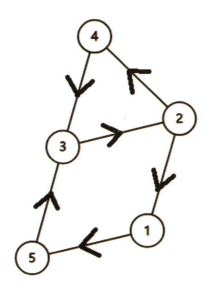

图 4-13 一笔画问题

【数据范围】

$n \leq 1e5, m \leq 2e5, 1 \leq x,y \leq n$

【问题分析】

由于题目保证了图连通，因此我们只需要判断奇点有几个。

【参考程序】

```
#include<cstdio>
#define N 100005
using namespace std;
int n,m,d[N],tot;//d表示一个点的度数
int main()
{
  scanf("%d%d",&n,&m);
  for (int i=1,x,y;i<=m;i++)
      scanf("%d%d",&x,&y),d[x]++,d[y]++;
  for (int i=1;i<=n;i++)//求奇点数
      if (d[i]%2==1)
          tot++;
  if (!tot||tot==2)//假如奇点数是0或2，那么可以被一笔画
      printf("Yes");
  else// 否则不行
      printf("No");
}
```

那么我们怎么找出一个无向图的一笔画的方法呢？这里介绍一个新的算法——欧拉回路。首先，我们要知道如下两点。

(1) 欧拉路径：欧拉路径是指从图中任意一个点开始到图中任意一个点结束的路径，并且图中每条边通过且只通过一次。

(2) 欧拉回路：欧拉回路是指起点和终点相同的欧拉路径。

那么一个图形可以被一笔画，它存在一条欧拉路径。

怎么找这条欧拉路径呢？

起点、终点：

(1) 如果是 0 个奇点，那么随便选起点，一定会有终点。

(2) 如果是 2 个奇点，那么起点和终点一定是这两个奇点。

至于找路径，我们根据代码理解一下：

```cpp
#include<cstdio>
#define N 1005// 点的个数
using namespace std;
int n,m,map[N][N],d[N],st,tot;//d 为度数
int z[N],top;// 用栈
int dg(int x)// 找回路（加入栈中）
{
  z[++top]=x;// 进栈
  for (int i=1;i<=n;i++)
      if (map[x][i])
      {
             map[x][i]--,map[i][x]--;// 找到一条就删边（保证一条边不会被走两次）
             dg(i);
             break;
      }
}
int find(int x)
{
  z[top=1]=x;// 先把起点加入栈
  while (top)
  {
       int bz=0,x=z[top--];// 找到栈顶
       for (int i=1;i<=n&&!bz;i++)// 判断是否仍有没有走过的边
           if (map[x][i])
               bz=1;
       if (!bz)// 如果走完了，那么输出这个点
       {
            printf("%d ",x);
            continue;
       }
       dg(x);// 否则通过这个点找回路
  }
}
int main()
{
```

```
    scanf("%d%d",&n,&m);// 输入结点个数 n、边的条数 m
    for (int i=1,x,y;i<=m;i++)
    {
        scanf("%d%d",&x,&y);// 每次输入一条边连接的两个结点
        map[x][y]++,map[y][x]++;
        d[x]++,d[y]++;
    }
    st=1;
    for (int i=1;i<=n;i++)// 求奇点数
        if (d[i]%2==1)
            tot++,st=i;
    if (tot&&tot!=2)
    {
        printf("No");
        return 0;
    }
    find(st);// 从起点开始找
}
```

上面讲了无向图，那么对于有向图呢？

首先，判断一个图是否存在欧拉路径（不包括欧拉回路）：

(1) 图连通；

(2) 有一个结点入度比出度大1，一个结点出度比入度大1。

存在欧拉路径的条件：

(1) 基图连通；

(2) 每个点入度等于出度。

接下来介绍有向图的欧拉回路的求法。

（有向图的欧拉路径较为复杂，在此不做论述）

```
#include<cstdio>
#define N 1005// 点的个数
#define M 5005// 边的条数
using namespace std;
int n,m,tov[M*2],last[N],nex[M*2],d[N],st,tot,ans[N],top,bz[N];//d 为度数
int ins(int x,int y){tov[++tot]=y,nex[tot]=last[x],last[x]=tot;}
int dg(int x)
{
    while (last[x])// 从当前边扩展
    {
        if (!bz[last[x]])// 判断这条边有没有走过
        {
            bz[last[x]]=1;
            int u=last[x];
            dg(tov[u]);
```

```
                    ans[++top]=u;// 加入答案，注意加入的是 dg 之前的边
                }
                else
                    last[x]=nex[last[x]];// 去到下一条边
        }
}
int main()
{
    scanf("%d%d",&n,&m);// 输入结点个数 n、边的条数 m
    for (int i=1,x,y;i<=m;i++)// 输入边
    {
        scanf("%d%d",&x,&y);
        ins(x,y),d[x]--,d[y]++;
    }
    for (int i=1;i<=n;i++)
        if (d[i])// 判断一个点入度与出度是否相同
            goto fal;
    for (int i=1;i<=n;i++)
        if (last[i])// 从一个有出度的点开始走
        {
            dg(i);
            break;
        }
    if (top!=tot)// 如果没有走完图中所有边，那么不存在欧拉回路
        goto fal;
    printf("Yes\n");//输出答案
    for (int i=top;i;i--)// 注意倒序输出（是边的序号）
        printf("%d ",ans[i]);
    return 0;
    fal:
    printf("No");
}
```

欧拉回路在竞赛算法中十分灵活多变，注意要结合题目来对算法进行调整。

2. 实践巩固

例 2　三个火枪手 (hackbuteer，1s，256MB)

【问题描述】

这天，有一行人接到了主教大人的命令，要求去战场上巡视一番并且做个简单的报告。战场可以看作是一个 *n*×*m* 的方格图，他们这一行人需要从 (1,1) 这个位置出发，把整个战场巡视一遍，每个地方都必须巡视 1 次，并且最终回到 (1,1)。

他们本来可以规规矩矩地巡视完，但是我们这几位内心充满着勇气以及智慧的朋友，是不喜欢平庸的。他们决定，每次确定一个格子后就径直前往，并且在终点格子服用佳肴后才算是

在当前格子巡视完，而经过的格子不算巡视过。于是他们综合了几位朋友的意见，确定了以下走法。

(1) 波尔多斯没有意见，他只负责携带剑与酒。

(2) 阿拉密斯不知道从哪里找来了马，可以在很短时间内到达战场的任何位置。

(3) 阿托斯冷静分析一番，他发现每个格子都有一个危险值 $a[i]$。

(4) 达德尼昂十分勇敢，他认为，他从某个格子为起点开始走身上都怀着一个勇气值 $b[i]$。

(5) Rainbow(瑞波或彩虹)无脑，他认为从某个格子 (x_1,y_1) 开始走到另一个格子 (x_2,y_2) 需要满足 (1) 或 (2) 且需要满足 (x_1,y_1) 的 $b[i]$ 等于 (x_2,y_2) 的 $a[i]$。

现在，他们给出地图中每个格子的 $a[i]$ 以及 $b[i]$，想知道他们是否可以通过自己定义的走法，达成主教大人的任务。

由于 RainbowCrown(瑞波科朗，或彩虹皇冠) 的电脑没有带过去，因此他们希望你能帮他们解决疑问。

【输入格式】

第 1 行一个整数 T 表示共有 T 组测试数据。

对于每组测试数据：

第 1 行有两个整数 n、m，表示地图的大小；

接下来输入一个 $n \times m$ 的矩阵表示每个格子上的 $a[i]$ 是多少；

再输入一个 $n \times m$ 的矩阵表示每个格子上的 $b[i]$ 是多少。

【输出格式】

对于每组测试数据：

如果可以达成任务，则输出"YES"(不包括引号)；

否则输出"NO"(不包括引号)。

【输入样例】

```
4
2 2
1 1
1 1
1 1
1 1
2 3
6 4 5
3 1 2
1 2 3
4 5 6
2 3
1 2 3
4 5 6
1 1 1
1 2 2
```

```
3 3
1 1 1
1 1 1
1 1 1
1 1 1
1 1 1
1 1 1
```

【输出样例】

```
YES
YES
NO
YES
```

【数据范围】

对于 5% 的数据满足：$a[i],b[i]=1$；

对于 20% 的数据满足：$n \leqslant 3; m \leqslant 3; T \leqslant 5$；

对于 40% 的数据满足：$n \leqslant 4; m \leqslant 4; T \leqslant 5$；

对于 70% 的数据满足：$n \leqslant 80; m \leqslant 80; T \leqslant 5$；

对于 100% 的数据满足：$n \leqslant 1000; m \leqslant 1000; T \leqslant 5; a[i], b[i] \leqslant 10\,000$。

4.3 最短路径算法

最短路径算法是联赛中极为常用的一种算法，除了能处理最短路径问题外，还能与其他算法搭配处理差数约分系统等算法。本章我们将重点学习最短路径算法中的四种常用的算法。

4.3.1 Bellman-Ford 算法的实现及运用

Bellman-Ford 算法是一种用于求单源最短路径的算法。在此要先讲明何为最短路径，顾名思义即为两点间最短的距离。标准定义为：对带权图 $G=(V,E)$（其中，V 为点集，E 为边集），从一个源点 s 到汇点 t 有很多路径，其中路径上权和最少的路径，称为从 s 到 t 的最短路径，如图 4-14 所示。

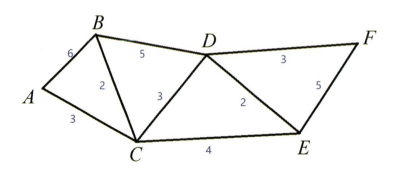

图 4-14　带权图示例

该图中 A、B 间的最短路径为 $A => C => B$，即 $3 + 2 = 5$；

A、E 间的最短路径为 $A => C => E$，即 $3 + 4 = 7$；

B、E 间的最短路径为 $B => C => E$，即 $2 + 4 = 6$。诸如此类。

那么知道定义后我们可以开始讲解 Bellman-Ford 算法的实现。

Bellman-Ford 算法核心思想为对 n 个点进行 m 次松弛操作 (m 为边数)。松弛操作为 if (dis[tov[i]] > dis[u] + val[i]) dis[tov[i]] = dis[u] + val[i](其中，dis[i] 表示从起点出发到第 i 号点的最短距离，tov[i] 为第 i 条边所指向的点，u 为当前结点即第 i 条边指向的另一个结点，val[i] 为第 i 条边的边权)。那么你每次松弛后都更新了 dis[tov[i]] 的最小值。当每个点做完 m 次松弛操作后最小值便已确定。那么时间复杂度为 $O(VE)$。是一种时间复杂度并不是很优秀的单源最短路径算法，不过可以像后文提及的 SPFA 算法一样处理负边权的情况。

例 3　单源最短路径 (shortestl，1s，256MB)

【问题描述】

给出一张有向图，请输出从某一点出发到所有点的最短路径。

【输入格式】

第 1 行包含三个整数 N、M、S，分别表示点的个数、有向边的个数、出发点的编号。接下来 M 行每行包含三个整数 F_i、G_i、W_i，分别表示第 i 条有向边的出发点、目标点和长度。

【输出格式】

第 1 行，包含 N 个用空格分隔的整数，其中第 i 个整数表示从点 S 出发到点 i 的最短路径长度 (若 $S=i$，则最短路径长度为 0；若从点 S 无法到达点 i，则最短路径长度为 -1)。

【输入样例】

```
4 6 1
1 2 2
2 3 2
2 4 1
1 3 5
3 4 3
1 4 4
```

【输出样例】

```
0 2 4 3
```

【数据范围】

$n \leqslant 1000, m \leqslant 1000$

【问题分析】

这是一道单源最短路径的模板题，与上文思路一致，不再赘述。代码如下：

```cpp
#include <cstdio>
#include <cstring>
#define maxn 1010
#define maxm 50010
```

```cpp
using namespace std;
const int N = 1e3 + 10;
const int M = 5e3 + 10;
const int inf = 0x3f3f3f3f;
int n,m,s,cnt,tov[maxm],from[maxm],dis[maxn],val[maxm];

void add(int u,int v,int w)
{
    tov[++ cnt] = v;
    from[cnt] = u;
    val[cnt] = w;
}

int main()
{
    memset(dis,0x3f,sizeof dis); // 初始化，将距离赋为极大值以便后面松弛操作
    scanf("%d%d%d",&n,&m,&s);
    for (int i = 1,u,v,w; i <= m; i ++) scanf("%d%d%d",&u,&v,&w),add(u,v,w);
    // 加边操作
    dis[s] = 0;
    for (int i = 1; i <= n; i ++)
        for (int j = 1; j <= m; j ++)
            if (dis[tov[j]] > dis[from[j]] + val[j]) dis[tov[j]] =
                dis[from[j]] + val[j]; // 松弛操作
    for (int i = 1; i <= n; i ++)
        if (dis[i] == inf) printf("-1 "); else printf("%d ",dis[i]);
    return 0;
}
```

4.3.2 SPFA 算法的实现及运用

SPFA 算法，也是一种用于求单源最短路径的算法，相比 Bellman-Ford，此算法采用了队列优化，松弛操作与前者相似，但时间复杂度却降低到了 $O(km)$，其中 m 是边数，k 是一个常数，在最坏情况下 k 会达到 n(点的个数)。因此，SPFA 的平均运行速度较快，但是在遇到稠密图的时候会比较慢，如图 4-15 所示。

从 a 点出发 (a 与 a 的距离是 0，未连接视为无限大)

a	b	c	d	e	f	g
0	∞	∞	∞	∞	∞	∞

枚举 a 出发的所有点。

更新 b、c、d。b、c、d 均未在队列中，b、c、d 入队，a 出队。

a	b	c	d	e	f	g
0	24	8	15	∞	∞	∞

b 点：更新 $24 + 6=30 < \text{dis}[e]$, 判断 $30 <+ \infty$，因此更新 e。

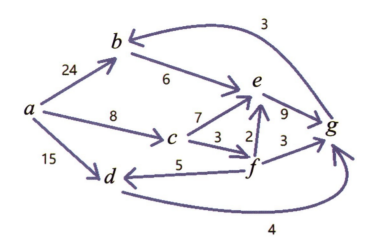

图 4-15　求最短路径的图

e 点入队，b 出队。

a	b	c	d	e	f	g
0	24	8	15	30	∞	∞

c 点：8+7=15 < dis[e]，因此更新 e 但并不入队，因为 e 已经在队列中，只需更新 dis[e] 即可。
9+3=12 < dis[f]，因此更新 f。

f 入队，c 出队。

a	b	c	d	e	f	g
0	24	8	15	15	12	∞

一直这样下去，更新完所有点。

例 4　单源最短路径 (shortest，1s，256MB)

【问题描述】

给出一张有向图，请输出从某一点出发到所有点的最短路径。(保证数据随机)

【输入格式】

第 1 行包含三个整数 N、M、S，分别表示点的个数、有向边的个数、出发点的编号。接下来 M 行每行包含三个整数 F_i、G_i、W_i，分别表示第 i 条有向边的出发点、目标点和长度。

【输出格式】

第 1 行，包含 N 个用空格分隔的整数，其中第 i 个整数表示从点 S 出发到点 i 的最短路径长度 (若 $S=i$，则最短路径长度为 0；若从点 S 无法到达点 i，则最短路径长度为 -1)。

【输入样例】

```
4 6 1
1 2 2
2 3 2
2 4 1
1 3 5
3 4 3
1 4 4
```

【输出样例】

0 2 4 3

【数据范围】

$n \leq 10000, m \leq 10000$

【问题分析】

这是一道单源最短路径的模板题，数据范围比例3更大。与上文思路一致，不再赘述。代码如下：

```cpp
#include <cstring>
#include <cstdio>
using namespace std;
const int maxm = 5e5 + 10;
const int maxn = 1e5 + 10;
const int inf = 0x3f3f3f3f;
struct Edge{
    int to,next,val;
} f[maxm];
int n,m,s,stu[maxn],cnt,dis[maxn],que[maxn * 5];
bool vis[maxn];
void add(int u,int v,int w)
{
    cnt ++;
    f[cnt].to = v;
    f[cnt].val = w;
    f[cnt].next = stu[u];
    stu[u] = cnt;
} // 链式前向星连边

void SPFA()
{
    int head = 0,tail = 1;
    memset(dis,0x3f,sizeof(dis));
    vis[s] = 1;
    dis[s] = 0;
    que[tail] = s;
    while (head < tail)
    {
        head ++;
        int u = que[head]; // 取出队首
        for (int i = stu[u]; i ; i = f[i].next)
            if (f[i].val + dis[u] < dis[f[i].to])  // 松弛操作
            {
                dis[f[i].to] = f[i].val + dis[u];
                if (!vis[f[i].to]) // 若没在队列中则入队
                    vis[f[i].to] = 1,que[++ tail] = f[i].to;
                    // 入队，并打上标记
```

```
            }
            vis[u] = 0;
        }
}

int main()
{
    scanf("%d%d%d",&n,&m,&s);
    for (int i = 1,u,v,w; i <= m; i ++) scanf("%d%d%d",&u,&v,&w),add(u,v,w);
    SPFA();
    for (int i = 1; i <= n; i ++)
        if (dis[i] == inf) printf("-1 "); else printf("%d ",dis[i]);
    return 0;
}
```

4.3.3 Dijkstra 算法的实现及运用

Dijkstra 算法是一种用于求单源最短路径的方法，但不能处理有负边权的情况。朴素的 Dijkstra 的思路是刚开始将 dis 数组的初值都赋为无穷大，将起点的 dis 赋为零，每次取出当前没跑过的点中 dis 值最小的点，取出来做松弛操作，然后以此类推跑完所有点后，答案就出来了。正确性证明，由于你每次取出当前 dis 最小的点，又因为没有负边，所以当前点一定已经是最小值，再者每次用最小距离更新出来的点一定是当前最优的。

接下来讲解的是实用性最高的堆优化的 Dijkstra 算法，基本思路与朴素的该算法一致，但是在每次寻找 dis 值最小的点时不需要 $O(n)$ 去扫一遍，而是每次将更新出来的点都放到一个小根堆中，那么在每次只用取出堆顶的值就一定是最小的，时间复杂度将被优化到 $O(E V \log V)$。

例 5 单源最短路径 (shortest3, 1s, 256MB)

【问题描述】

给出一张有向图，请输出从某一点出发到所有点的最短路径。

【输入格式】

第 1 行包含三个整数 N、M、S，分别表示点的个数、有向边的个数、出发点的编号。接下来 M 行每行包含三个整数 F_i、G_i、W_i，分别表示第 i 条有向边的出发点、目标点和长度。

【输出格式】

第 1 行，包含 N 个用空格分隔的整数，其中第 i 个整数表示从点 S 出发到点 i 的最短路径长度 (若 $S=i$，则最短路径长度为 0；若从点 S 无法到达点 i，则最短路径长度为 -1)。

不保证数据随机。

【输入样例】

4 6 1
1 2 2
2 3 2
2 4 1

1 3 5
3 4 3
1 4 4

【输出样例】

0 2 4 3

【数据范围】

$n \leqslant 10000, m \leqslant 500000$

【问题分析】

运用上述思路即可。代码如下：

```cpp
#include <cstdio>
#include <cstring>
#include <queue>
using namespace std;

const int maxm = 5e5 + 10;
const int maxn = 1e5 + 10;
const int inf = 0x3f3f3f3f;
struct Edge{
    int to,next,val;
} f[maxm];
struct dx{
    int wz,dis;
};
priority_queue <dx>q;          // 优先队列
bool operator < (dx a,dx b) {return a.dis > b.dis;}
                               // 保证每次都是按dis从小到大排序
int n,m,s,cnt = 0,stu[maxn],dis[maxn];
bool vis[maxn];

void add(int u,int v,int w)
{
    f[++ cnt].to = v;
    f[cnt].val = w;
    f[cnt].next = stu[u];
    stu[u] = cnt;
} // 链式前向星连边

void Dij()
{
    dis[s] = 0;
    q.push(dx{s,0});
    while (!q.empty()) // 队列不为空
    {
        int u = q.top().wz; // 取出队首
        q.pop(); // 弹掉队首
        if (vis[u]) continue; else vis[u] = 1;
```

```
        for (int i = stu[u]; i; i = f[i].next)
            if (dis[u] + f[i].val < dis[f[i].to]) // 松弛操作
                dis[f[i].to] = dis[u] + f[i].val,q.push(dx{f[i].
                    to,dis[f[i].to]});// 入队
    }
}
int main()
{
    memset(dis,0x3f,sizeof dis);
    scanf("%d%d%d",&n,&m,&s);
    for (int i = 1,u,v,w; i <= m; i ++) scanf("%d%d%d",&u,&v,&w),add(u,v,w);
    Dij();
    for (int i = 1; i <= n; i ++)
        if (dis[i] == inf) printf("-1 "); else printf("%d ",dis[i]);
    return 0;
}
```

4.3.4 Floyd 算法的实现及运用

1. 知识讲解

这次终于不是单源最短路径了，而是多源最短路径。实现思路很简单，三重循环，分别枚举三个点：i、j、k，求：当前第 i 个点到第 j 个点的最短路径之中是否还存在一个点 k，使得点 i 到点 k，再由点 k 到点 j 的值小于当前点 i 到点 j 的最短路径？那么很显然时间复杂度是 $O(n*n*n)$。

例 6 多源最短路径 (shortest4，1s，256MB)

【问题描述】

给出一张无向图，请输出一个矩阵，其中第 i 行第 j 列表示点 i 到点 j 的最短路径。

【输入格式】

第 1 行包含两个整数 N、M，分别表示点的个数、无向边的个数。接下来 M 行每行包含三个整数 F_i、G_i、W_i，分别表示第 i 条无向边的两个点和长度。

【输出格式】

输出一个矩阵，其中，第 i 行第 j 列表示点 i 到点 j 的最短路径，若两点之间无法到达则输出 -1。

【输入样例】

4 6 1
1 2 2
2 3 2
2 4 1
1 3 5
3 4 3

1 4 4

【输出样例】

0 2 4 3
2 0 2 1
4 2 0 3
3 1 3 0

【数据范围】

$n \leq 200, m \leq 10000$

【问题分析】

与上文思路一致，不再赘述。代码如下：

```
#include <cstdio>
#include <cstring>
using namespace std;
const int inf = 0x3f3f3f3f;
const int maxn = 1e3 + 10;
int n,m,s,dis[maxn][maxn];
int min(int a,int b) {return a < b ? a : b;}
int main()
{
    memset(dis,0x3f,sizeof dis);
    scanf("%d%d",&n,&m);
    for (int i = 1; i <= n; i ++) dis[i][i] = 0;
    for (int i = 1,u,v,w; i <= m; i ++)  scanf("%d%d%d",&u,&v,&w),dis[u][v] =
        dis[v][u] = min(dis[u][v],w); // 邻接矩阵连边，双向边
    for (int k = 1; k <= n; k ++) // 中转点
        for (int i = 1; i <= n; i ++)
        {
            if (i == k) continue;
            for (int j = 1; j <= n; j ++)
                if (j != i && j != k && dis[i][j] > dis[i][k] + dis[j]
                    [k]) dis[i][j] = dis[i][k] + dis[j][k]; // 更新dis[i][j]
        }
    for (int i = 1; i <= n; i ++)
    {
        for (int j = 1; j <= n; j ++)
            if (dis[i][j] == inf) printf("-1 "); else printf("%d ",dis[i][j]);
        printf("\n");
    }
    return 0;
}
```

2. 实践巩固

例 7 重建道路 (rebuild，1s，256MB)

【问题描述】

Jby 在玩一个"辉煌帝国"的网络游戏。

他的帝国有 N 个城市，城市之间总共有 M 条道路，每条道路连接两个不同的城市。Jby 给出了每条道路的长度。

最近他由于得罪了别的玩家，结果被人家炮轰了一回，好在 Jby 实力强大，城市都没有被破坏，不过其中有 D 条道路被破坏了。这将导致两个军事重镇 A 和 B 之间的通信受影响。Jby 找来了你，要你修复一些被破坏的道路，使得 A 和 B 能够重新建立通信，而且由于 Jby 在这场战争中已经用了很多钱，所以他要求被修复的道路的总长度要最小。

【输入格式】

第 1 行有一个整数 $N(2 \leq N \leq 100)$，表示有多少个城市。城市的编号是 1～N。第 2 行有一个整数 $M(N-1 \leq M \leq N \times (N-1)/2)$，表示有多少条道路。接下来有 M 行，每行 3 个整数，$x,y,\text{len}(1 \leq x,y \leq n, x <> y, 0 < \text{len} < 100)$ 表示城市 x 和城市 y 有一条长度为 len 的双向道路。再接下来的一行有一个整数 $D(1 \leq D \leq M)$，表示有 D 条道路被破坏了，然后下面有 D 行，每行两个整数 x、y 表示 x 和 y 之间的道路被破坏了。最后一行是两个整数 A、B，表示两个重要城市 A 和 B 的编号。

【输出格式】

仅有一行，代表修复道路的最小费用。

【输入样例】

```
3
2
1 2 1
2 3 2
1
1 2
1 3
```

【输出样例】

```
1
```

【数据范围】

在题面中已经给出数据范围。

4.4 图的连通性

4.4.1 无向图的割点与桥

在一个连通的无向图 $G=(V,E)$ 中，我们发现某些点和某些边有一些特殊的性质。对于点，若从 G 中删去 x 会使 G 分裂为两个或以上互不连通的子图，则我们称点 x 为图 G 的一个割点。

类似地，对于边，若从 G 中删去边 (x,y) 会使 G 分裂为两个或以上互不连通的子图，则我们称边 (x,y) 为图 G 的一条割边 (又称桥边)。

1. 搜索树

从无向连通图的任意一个结点开始对整个图进行深度优先遍历，将遍历时经过的边选出来，它们一定构成一个树的结构。

2. 时间戳

在深度优先搜索时按照被遍历到的顺序给结点打上标记，这个标记就是时间戳。一般记为 dfn[x]。

设 size[x] 表示搜索树中结点 x 的子树大小，不难发现，若 y 在 x 的子树中，则满足 dfn[x] ≤ dfn[y] ≤ dfn[x]+size[x]−1。

注意搜索树中深度较小的结点时间戳不一定更小。

3. 追溯值

Tarjan 算法对每个点定义了一个追溯值 low[x]，low[x] 表示满足如下条件的点 y 的时间戳的最小值：y 是搜索树中 x 的子树中的结点通过一条返祖边到达的点。

对于一个结点 x，它的追溯值的计算方式如下：

low[x]=dfn[x]

low[x]=min(low[x],low[y]) 若且 (x,y) 是搜索树中的树边

low[x]=min(low[x],dfn[y]) 若且 (x,y) 是搜索树中的返祖边

4. 割边的判定法则

首先，我们可以发现，假如边 (x,y) 不是搜索树上的点，那么 (x,y) 一定不是割边，因为 x 点和 y 点可以通过搜索树上的结点互相到达。

那么对于一条搜索树上的边 (x,y)(x 是 y 的父亲)，它是割边则当且仅当 low[y] ≤ dfn[x]。

5. 割点的判定法则

割点的判定法则和割边的判定法则十分相似。

点 x 是割点，则当且仅当满足下述两个条件之一：

(1) x 是搜索树的根，且 x 的儿子数量大于等于 2；

(2) x 不是搜索树的根，且存在 x 的儿子 y 满足 low[y] ≤ dfn[x]。

例8 追捕盗贼 (arrest，1s，256MB)

【问题描述】

警察控制的区域有 N 座城市，城市之间有 E 条双向边连接，城市编号为 1 到 N。警察经常想在罪犯从一座城市逃往另一座城市的过程中抓住他。你必须回答以下两个问题：

(1) 如果连接城市 G_1 和 G_2 的路被封掉，罪犯能否从城市 A 逃到城市 B？

(2) 如果城市 C 被封掉，罪犯能否从城市 A 逃到城市 B？

【输入格式】

输入第 1 行包含两个整数 N 和 E(2 ≤ N ≤ 100 000,1 ≤ E ≤ 500 000)，表示城市和边的数量。接下来 E 行，每行包含两个不同的整数 A_i 和 B_i，表示城市 A 和 B 之间有一条边直接相连。接下

来一行包含一个整数 $Q(1 \leq Q \leq 300\ 000)$，表示询问次数。接下来 Q 行，每行包含 4 个或 5 个整数，第一个数为 1 或 2，表示询问问题的种类。如果问题种类是 1，后面跟着 4 个整数 A、B、G_1、G_2，如果问题种类是 2，后面跟着三个整数 A、B、C，三个数互不相同，意义见题目描述。

【输出格式】

每个询问输出一行"yes"或"no"。

【问题分析】

先考虑第一类询问。

若删除边 (G_1,G_2)，A、B 不可达，则边 (G_1,G_2) 一定是一条割边。另外，设 G_2 在搜索树中的深度小于 G_1，A、B 一定满足一个在 G_2 子树内，另一个在 G_2 子树外。

然后考虑第二类询问。

考虑分别计算 A、B 到点 C 的路径上最接近 C 的点 t_1、t_2。若 A 不在 C 的子树内或 A 可以通过返祖边到达 C 的父亲，则 t_1 等于 C 的父亲，否则 t_1 等于 C 的某个儿子，用倍增计算即可。t_2 的计算方式类似。

若 $t_1=t_2$，则 A、B 可达；反之不可达。

【核心程序】

```
int isbridge(int x,int y)// 判断 (x,y) 是不是桥边
{
    if(depth[x]>depth[y])swap(x,y);
    if((fa[y][0]==x)&&(bzf[y]))return 1;
    return 0;
}
int in(int x,int y)// 判断 x 是否在 y 子树中
{
    if((dfn[x]>=dfn[y])&&(dfn[x]<=dfn[y]+size[y]-1)) return 1;
    return 0;
}
int find(int x,int y)// 找到 x 到 y 路径上最接近 y 的点
{
    for(int i=19;i>=0;i--)if(depth[fa[x][i]]>depth[y])x=fa[x][i];
    if((fa[x][0]!=y)||(dfn[y]>low[x]))return fa[y][0];else return x;
}
void does1()// 处理第一类询问
{
    scanf("%d%d%d%d",&a,&b,&x,&y);
    if(depth[x]>depth[y])swap(x,y);
    if((isbridge(x,y))&&(in(b,y)^in(a,y)))printf("no\n");else printf("yes\n");
}
void does2()// 处理第二类询问
{
```

```
scanf("%d%d%d",&a,&b,&x);
if(find(a,x)!=find(b,x))printf("no\n");else printf("yes\n");
}
```

4.4.2 无向图的双连通分量

若一个无向图不存在割边，则称它为边双连通图。若一个无向图不存在割点，则称它为点双连通图。

无向图的边双连通分量即为无向图的极大边双连通子图。无向图的点双连通分量即为无向图的极大点双连通子图。

"极大"的含义为，某个极大分量无法再添加某条边或某个点使新的分量仍然合法。

1. 边双连通分量的求法

边双连通分量的求法很简单。先求出所有割边，把割边删除后，剩下的每一个连通块都是一个边双连通子图。使用搜索标记每个连通块即可。

2. 点双连通分量的求法

由于一个割点可能在多个点双连通子图中，因此点双连通分量的求法稍微烦琐一些。

在运用 Tarjan 算法的时候，维护一个栈表示当前可能的点双连通分量。

具体的维护方法如下：

(1) 当一个点被第一次访问到的时候，将它压进栈中。

(2) 当 x 有儿子 y 满足 $low[y] \leqslant dfn[x]$ 时，弹出栈顶至点 y，被弹出的结点与 x 一起构成一个点双连通分量。

例 9　道路重建 (rebuild，1s，256MB)

【问题描述】

小 Y 所居住的 X 国共有 n 个城市，有 m 条无向道路将其连接起来。作为一个统一的国家，X 国城的任意两个城市都可以相互到达。

有时 X 国中会有至多一条道路发生毁坏，无法使用。如果这条道路的毁坏恰好阻断了某些城市的往来，那么我们称这条道路是危险的。

人们决定重建一条道路，以减少危险的道路数。请告诉人们，重建一条道路后，危险的道路数最少是多少。

【输入格式】

输入文件包含多组数据，对于每一组数据，第 1 行两个整数 n、m，表示 X 国的城市数与道路数。接下来 m 行，每行两个整数 x、y，描述一条道路。输入文件以 $n = 0$，$m = 0$ 结尾。保证输入的图是一张连通图，但不保证不存在重边与自环。

【输出格式】

对于每一组数据，输出一行一个整数，表示危险的道路数的最小值。

【数据范围】

对于所有数据，满足 $1 \leq n \leq 2 \times 10^5, 1 \leq m \leq 1 \times 10^6$，所有 $n+m$ 的和 $\leq 2 \times 10^6$。

【问题分析】

题目中定义的危险的道路其实就是割边。

我们先把边双连通分量缩成点，建新图，显然答案就是新图的边数——在新图中连一条边形成的环的最大边数。

所以求一下树的直径就好了。

【核心程序】

```
void tarjan(int x,int fa){
    low[x]=dfn[x]=++DFN,z[++z[0]]=x;
    for (int i=last[x];i>0;i=next[i]){
        if (i!=(fa^1)){
            if (dfn[l[i]]==0) tarjan(l[i],i), low[x]=min(low[x],low[l[i]]);
            else low[x]=min(low[x],dfn[l[i]]);
        }
    }
    if (dfn[x]==low[x]){
        sum++;
        while (z[z[0]]!=x)f[z[z[0]]]=sum,z[0]--;
        f[x]=sum,z[0]--;
    }
}
void dg(int x)
{
for(int i=lastt[x];i>0;i=nextt[i])
if depth[ll[i]]==0)depth[ll[i]]=depth[x]+1,dg(ll[i]);
}
```

4.4.3 有向图的强连通分量

1. 基本概念及算法思想

对于一个有向图，如果它的每一个顶点都可以互相到达，则我们称这个有向图是强连通的。一个有向图的强连通分量就是它的极大强连通子图。

2. 强连通分量的判定法则

$low[x]$ 表示满足如下条件的点 y 的时间戳的最小值：y 在栈中且从 x 搜索树的子树中有一条边连向 y。

若一个结点 x 的 $dfn[x]=low[x]$，则我们不断弹出栈顶直到 x 被弹出。被弹出的结点一起构成一个强连通分量。

对于一个结点 x 的 low 数组，我们有如下的计算方式：枚举每一条边 (x,y)，

(1) 若 (x,y) 是一条树边，则进行递归，更新 $low[x]$ 为 $\min(low[x],low[y])$；

(2) 若 (x,y) 是一条前向边，则忽略；

(3) 若 (x,y) 是一条返祖边，则更新 $low[x]$ 为 $\min(low[x],dfn[y])$；

(4) 若 (x,y) 是一条横叉边，且 y 在栈中，则更新 $low[x]$ 为 $\min(low[x],dfn[y])$。

例 10 爬山 (climbing，1s，256MB)

【问题描述】

对于爬山，h10 有一个原则，那就是不走回头路，于是他把地图上的所有边都标记成了有向边。他决定从点 S 出发，每到达一个新的结点他就可以获得一定的成就值。同时 h10 又是一个很珍惜时间的运动员，他不希望这次爬山的成就值白白浪费，所以最后他一定要在一个存档点停下，保存自己的成就值。请你计算出在此次爬山运动中 h10 能够得到的最大成就值。

【输入格式】

第 1 行输入两个整数 N、M，表示点数和边数。

接下来 M 行，每行输入两个整数 u、v，表示 u 到 v 有一条有向边 (没有自环)。第 $M+2$ 行输入 N 个正整数，表示每个点的成就值。接下来一行输入两个整数 S、p，表示出发点和存档点个数。再下面一行 p 个整数，表示存档点。

【输出格式】

一个正整数，表示最大成就值。

【数据范围】

对于 100% 的数据，$N,M \leqslant 500\,000$。(数据有梯度，注意答案的大小)

【问题分析】

由于这是个有向图，我们用强连通分量缩点，这样每个强连通分量内的分数一定是都可以获得的。接下来就是考虑强连通之间怎么办。

从起点出发，在缩点后的图上跑遍最短路径，然后读入的时候取分数最高的存档点就是答案。

【核心代码】

```
void tarjan(long long x)
{
  mi[x]=dfn[x]=++DFN,z[++z[0]]=x,in[x]=1;
  for (long long i=last[x];i>0;i=next[i])
  {
        if (dfn[l[i]]==0)tarjan(l[i]),mi[x]=min(mi[x],mi[l[i]]);
        else if (in[l[i]]==1)mi[x]=min(mi[x],mi[l[i]]);
  }
  if (dfn[x]==mi[x])
  {
        sum++;
        while (z[z[0]]!=x)f[z[z[0]]]=sum,in[z[z[0]]]=0,z[0]--;
```

```
            f[x]=sum,in[x]=0,z[0]--;
        }
    }
void bfs(){
    while (head<tail){
        x=list[++head];
        for (int i=lastt[x];i>0;i=nextt[i]){
            dis[ll[i]]=max(dis[ll[i]],dis[x]+s[ll[i]]);
            if (--du[ll[i]]==0)list[++tail]=ll[i];
        }
    }
}
```

例 11 逻辑的连通性 (logic, 1s, 128MB)

【问题描述】

假如由命题 p 一定能推出命题 q，则称 p 是 q 的充分条件，q 是 p 的必要条件。特别地，当 p 既是 q 的充分条件，又是 q 的必要条件时，称 p 和 q 互为充要条件。现在有 n 个命题，其中一些是另一些的充分条件。请问：有多少对命题互为充要条件？

【输入格式】

第 1 行两个正整数 n、m，分别表示命题数、已知关系数。接下来 m 行，每行两个正整数 p 和 q，表示命题 p 是命题 q 的充分条件。

【输出格式】

仅一行，一个整数，表示充要条件的对数。

【数据范围】

对于 100% 的数据：$n \leqslant 50\,000; m \leqslant 600\,000$。

4.5 最小生成树

顾名思义，生成树是一棵树。它满足：包含原图中的所有 n 个顶点，且在拥有 $n-1$ 条边的情况下保证图连通。

最小生成树就是权重最小生成树；也就是说，在所有生成树中，最小生成树拥有最小的权重。

4.5.1 Prim 算法

算法过程：

Prim 算法是一种基于贪心的算法，它跟单源最短路径的 Dijkstra 算法有相似之处。下面介绍一下过程。

(1) 选取一个起点，将其加入点集 U 中。

(2) 定义边集 V 表示与 U 中的任意一点相连，且边的另一端不在 U 中的所有边的集合。

(3) 找到 V 中权重最小的一条边，将该边所连向的不在 U 中的点加入 U 中，并更新 V。
(4) 重复 (3) 过程直至 U 中的点达到 n 个。

如果暴力实现 Prim 算法，时间复杂度是 $O(M^2)$；如果使用堆优化，可以做到 $O((N+M)\log M)$。下面给出使用堆优化的 Prim 算法。

```
struct node
{
    int num,val;
    int operator < (node b) const // 重载运算符定义以 val 为关键字的小根堆
    {
        return val > b.val;
    }
};
int vis[N];
priority_queue <node> q; // 定义以 val 为关键字的小根堆
void Prim_MST()
{
    q.push((node){1,0}); // 以 1 作为起点
    int ans = 0,t = 0;
    while (t != n)
    {
        node u = q.top(); q.pop();
        int x = u.num;
        while (vis[x] && q.size()) { u = q.top(); q.pop(); x = u.num; }
// 找出满足条件的最小的边
        if (vis[x]) break; // 已遍历全图
        vis[x] = 1;
        t++;
        ans += u.val;
        for(int l=st[x];l;l=edge[l].next)
if(!vis[edge[l].to])
q.push((node){edge[l].to,edge[l].val});// 更新点集 U
    }
}
```

有兴趣的读者可尝试证明该算法。

4.5.2 Kruskal 算法

Kruskal 算法同样是一种基于贪心的算法，它在实现过程中运用了并查集，读者可先行学习并查集再学习本算法。

算法过程：
(1) 将所有边按照权重从小到大排序。

(2) 从小到大枚举，假设现在枚举到边的两个端点为 u 和 v。

(3) 判断 u 和 v 是否连通，如不连通则将这条边加入生成树中，否则不加入。

(4) 重复 (2) 和 (3) 过程直至图连通。

Kruskal 算法取决于并查集的所用时间，一般来说，总的算法复杂度为 $O(m \log m + m\alpha(n))$。下面给出示例代码。

```
int get(int x){return fa[x] == x ? x : fa[x] = get(fa[x]);}
void Kruskal_MST()
{
    sort(e + 1,e + m + 1,cmp);
    for (int i = 1 ; i <= m ; i++)
    {
        if (t == n - 1) break;
        int x = get(e[i].x),y = get(e[i].y);
        if (fa[x] != fa[y]) ans += e[i].z,fa[x] = y,t++;
    }
    printf("%d\n",ans);
}
```

例 12 给水 (water，1s，256MB)

【问题描述】

FJ 决定对 N 块草地给水，草地编号为 1 到 N。他可以在该草地处挖一口井，也可以修建管道从别的草地引水进来。在第 i 块草地处挖一口井需要花费 W_i，连接井 i 和井 j 的管道需要花费 P_{ij}。

计算最少需要花费多少才能保证每块草地都有水。

【输入格式】

第 1 行，一个整数 N。

第 $2 \sim N+1$ 行，第 $i+1$ 行输入 W_i。

第 $N+2 \sim 2N+1$ 行，每行 N 个空格隔开的整数，表示 P_{ij}。

【输出格式】

输出最少花费。

【输入样例】

```
4
5
4
4
3
0 2 2 2
2 0 3 3
2 3 0 4
2 3 4 0
```

【输出样例】
9
【数据范围】
$1 \leq N \leq 300, 1 \leq W_i, P_{ij} \leq 100000, P_{ii}=0$。

4.6 拓扑排序与关键路径

4.6.1 AOV 网

"在现代化管理中,人们常用有向图来描述和分析一项工程的计划和实施过程,一个工程常被分为多个小的子工程,这些子工程被称为活动(Activity),在有向图中若以顶点表示活动,有向边表示活动之间的先后关系,这样的图简称为 AOV 网。"(选自百度百科)

在生活中,经常会有一些有关的运筹问题,比如在吃饭之前要先炒菜,炒菜之前要先洗菜,炒菜之前还要先刷锅,等等。这些活动都可以用一个 AOV 网来表示。如图 4-16 所示,这就是一个 AOV 网。

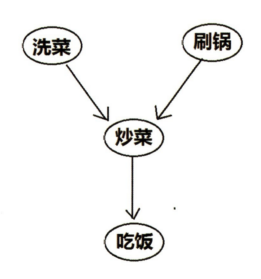

图 4-16 AOV 网示例

观察这个 AOV 网,可以发现一些性质。

(1) AOV 网是一个有向图,若活动 A 指向活动 B,这意味着只有做了活动 A 才可以做活动 B。

(2) 一个合法的 AOV 网是不会有环的,即没有一个点能通过这些边走到它本身,否则就意味着只有做了活动 A 才能做活动 A。

其实,前两点加起来就意味着一个合法的 AOV 网是一个 DAG(有向无环图)。

为方便描述,定义一些基本概念。

前驱活动:有向边起点的活动称为终点的前驱活动(只有当一个活动的前驱全部完成后,这个活动才能进行)。

后继活动：有向边终点的活动称为起点的后继活动。

拓扑排序：将 AOV 网中所有活动排成一个序列，使得每个活动的前驱活动都排在该活动的前面。

拓扑序列：经过拓扑排序后得到的活动序列（一个 AOV 网的拓扑序列不是唯一的）。

关键路径：AOV 网中从源点到汇点的最长路径的长度。

AOV 网本身并没有什么应用，但由 AOV 网而引申出的拓扑排序是信息学竞赛中一个极为经典又实用的算法，在许多图论题目中都会有它的身影。

4.6.2 拓扑排序算法的基本思想与应用

仍然用之前的例子，我们来考虑如何对一个 AOV 网进行拓扑排序。

试想一下，当一个活动没有前驱活动或它的前驱活动都已经做了，那么是不是这个活动就可以顺利完成了呢？

没错，是的。我们显然可以优先做那些现在可以做的活动，这样一个一个做下去，最终我们就将得到一个合法的拓扑序列。

如果出现没有活动可以做但是这个 AOV 网中还有活动没有做呢？

容易发现，此时这个 AOV 网中有环。换言之，这是一个非法的 AOV 网。

现在来做一道例题吧！

例 13 拓扑排序 (topological，1s，64MB)

【问题描述】

给出一个 AOV 网，求出它的一个拓扑序列。若此 AOV 网非法，则输出"NOT GOOD"（不含引号）。

【输入格式】

第 1 行输入两个整数 n、m。其中 n 表示活动的个数，m 表示此 AOV 网中的边数。

接下来 m 行各输入两个数 x、y，表示活动 x 必须在活动 y 前执行。

【输出格式】

输出一行 n 个数，表示一个合法的拓扑序列，或一行"NOT GOOD"。

【输入样例】

```
4 3
1 2
3 2
2 4
```

【输出样例】

```
1 3 2 4
```

【数据范围】

对于 100% 的数据：m，$n \leqslant 100\,000$。

【问题分析】

不难发现这就是一道拓扑排序的模板题。

对于每个点，我们容易得到这个点的前驱活动个数(后称为入度)。我们可以枚举得到一开始入度为 0 的点，将它们全部完成，并将它们的后继的入度减 1。一直做该操作，直到每个活动都被完成。若还有活动未完成但却没有活动可做，则输出"NOT GOOD"。

【参考程序】

```cpp
//P4.6-1.cpp
#include<bits/stdc++.h>
#define MAXN 100005
#define MAXM 100005
using namespace std;
int tot,nex[MAXM],last[MAXN],tov[MAXM],tail,x,y,n,m,in_[MAXN],dl[MAXN],head;
void ins(int x,int y){tot++,nex[tot]=last[x],last[x]=tot,tov[tot]=y;}
// 使用链式前向星
int main()
{
freopen("topological.in","r",stdin);
        freopen("topological.out","w",stdout);
    scanf("%d%d",&n,&m);
    for(int i=1;i<=m;i++)scanf("%d%d",&x,&y),in_[y]++,ins(x,y);// 记录入度，连边
    head=tail=0;
    for(int i=1;i<=n;i++)
            if(in_[i]==0)tail++,dl[tail]=i;
    while(head<tail)
    {
            head++,x=dl[head];
            for(int i=last[x];i;i=nex[i])
            {
                    y=tov[i];
                    in_[y]--;
                    if(in_[y]==0)tail++,dl[tail]=y;
// 当入度已为 0 时可以输出
            }
    }
    if(tail==n)
    {
            for(int i=1;i<=n;i++)printf("%d ",dl[i]);
            return 0;
    }
    printf("NOT GOOD");// 无解
    return 0;
}
```

4.6.3 关键路径

定义 AOE 网：如果在无环的带权有向图中，用有向边表示一个工程中的活动，用边上的权值表示活动持续时间，用顶点表示事件，则这样的有向图叫作用边表示活动的网络，简称 AOE 网。

其中，有两个特殊的事件(顶点)，分别称为源点和汇点，源点表示整个工程的开始。一般地，第一个事件为源点，源点只有出边。同理，汇点表示整个工程的结束，第 n 个事件一般为汇点，汇点只有入边。

一个符合现实生活的 AOE 网没有回路，并且源点与汇点都有且仅有一个。

图 4-17 表示一个具有 9 个事件、11 个活动的 AOE 网。

在 AOE 网络中，有些活动顺序进行，有些活动并行进行。

从源点到各个顶点的有向路径可能不止一条，完成不同路径的活动所需的时间虽然不同，但只有各条路径上的所有活动都完成了，整个工程才算完成。

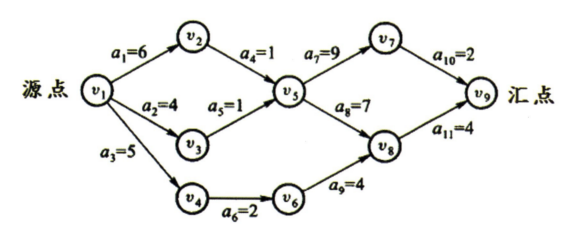

图 4-17　AOE网示例

完成整个工程所需的时间取决于从源点到汇点的最长路径长度，即在这条路径上所有活动的持续时间之和。这条路径长度最长的路径就叫作关键路径 (Critical Path)。

定义关键活动：该弧上的权值增加将使有向图上的最长路径的长度增加。

如何求出关键活动呢？

定义：

事件 V_i 的最早发生时间 ve(i)：从 V_0 到 V_i 的最长路径长度；

事件 V_i 的最迟发生时间 vl(i)：在不推迟工程完成的前提下 V_i 的最迟发生时间；

活动 A_i 的最早开始时间 e(i)；

活动 A_i 的最迟开始时间 l(i)；

时间余量：l(i)− e(i)。

l(i)==e(i) 的活动为关键活动，求解关键活动在于求解 e(i) 和 l(i)。

设活动 a_i 所对应的边为 (k,m)，并且用 len[k][m] 来表示一个活动的持续时间，很明显：e(i)=ve[k]；l(i)=vl[m]−len[k][m]。

现在就转化为求解 ve[i] 和 vl[i]，分成两步：

ve[m] = max{ve[k]+len[k][m]}，k 是 m 的直接前导顶点；

vl[k] = min{vl[m]-len[k][m]}，m 为 k 的直接后续顶点。

可以用类似拓扑排序的算法求出 L[i] 和 E[i]，这两者都相等的活动则是关键活动，将所有非关键活动删除后得到的图，任意一条路径都是关键路径。

读者可以稍作思考，图 4-18 的关键路径是？

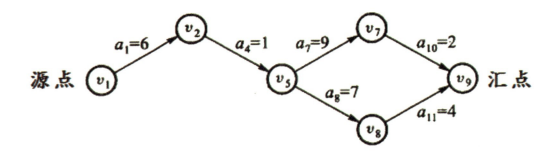

图 4-18　关键路径

如图 4-18 所示就是图 4-17 所示 AOE 网的关键路径。

例 14　车站分级 (level，1s，256MB)

【问题描述】

一条单向的铁路线上，依次有编号为 1,2,…,n 的 n 个火车站。每个火车站都有一个级别，最低为 1 级。现有若干趟车次在这条线路上行驶，每一趟都满足如下要求：如果这趟车次停靠了火车站 x，则始发站、终点站之间所有级别大于等于火车站 x 的都必须停靠。(注意：起始站和终点站自然也算作事先已知需要停靠的站点)

例如，图 4-19 所示为 5 趟车次的运行情况。其中，前 4 趟车次均满足要求，而第 5 趟车次由于停靠了 3 号火车站 (2 级) 却未停靠途经的 6 号火车站 (亦为 2 级) 而不满足要求。

车站编号 车次	1	2	3	4	5	6	7	8	9
车站级别	3	1	2	1	3	2	1	1	3
1	始	→	→	停	→	→	停	终	
2			始			停		终	
3	始	→	→	→	→	停	→	→	→	终
4				始	→	停	停	停	终
5			始	→	→	停	→	→	终

图 4-19　5 趟车次的运行情况

现有 m 趟车次的运行情况 (全部满足要求)，试推算这 n 个火车站至少分为几个不同的级别。

【输入格式】

第 1 行包含 2 个正整数 n、m，用一个空格隔开。

第 $i+1$ 行 $(1 \leq i \leq m)$ 中，首先是一个正整数 $s_i(2 \leq s_i \leq n)$，表示第 i 趟车次有 s_i 个停靠站；接下来有 s_i 个正整数，表示所有停靠站的编号，从小到大排列。每两个数之间用一个空格隔开。输入保证所有的车次都满足要求。

【输出格式】

一个正整数，即 n 个火车站最少划分的级别数。

【输入样例】

```
9 2
4 1 3 5 6
3 3 5 6
```

【输出样例】

```
2
```

第 5 章
字符串算法

在生活中，我们常常遇到这样的问题：一篇英语文章中有多少个不同的单词，每个单词分别在其中出现了多少次。运用之前学过的知识，我们可以运用循环结构和数组来让计算机帮助我们完成这个问题。但不难发现这样的做法的时间与空间复杂度都不容乐观。因此我们需要学习一些算法，即本章所介绍的字符串算法来帮助我们解决这个问题。

本章将会介绍一些基础的字符串算法以及部分拓展知识。通过本章的学习，希望大家可以熟练掌握字符串储存和匹配的方法。

5.1 哈希和哈希表

1. 哈希的思想

对于两个字符串是否相同的判定，我们可以在 $O($ 字符串长度 $)$ 的时间复杂度完成比较。但是如果我们想要完成 n 个字符串两两之间的比较，再用 $O($ 字符串长度 $)$ 的时间去比较就不太优秀了。

如果我们对于一些长度比较短的字符串，将它们转化为数字，那么数字与数字之间就可以在 $O(1)$ 的时间中比较了。

如果我们可以对每一种字符串都有一个与别的字符串不相同的编号 (这就是这个字符串的哈希值)，那就可以完成上面的任务了。

这便是字符串哈希 (散列或杂凑) 的核心思想。

2. 压数字的方法

那么怎么将它压成数字呢？我们可以将一个长度为 n 的字符串 s 看作是一个 n 位的 k 进制数字，k 表示字符集的大小，每一个数字都代表一种字符。

于是可以按照以下的方法去生成这个数字：

```
// 生成字符串 s 的哈希值，s 的字符集为 'a'-'z'
int num=0,k=27;
for(int i=1;i<=n;i++) num=num*k+s[i]-'a'+1;// 对于 'a'-'z' 的字符，分别对应 1-26
```

例如对于字符串 'abc'，它的 num 即为 $1 \times 27 \times 27 + 2 \times 27 + 3$。

注意，如果这个字符串的位数非常大，则 num 每一次乘上 k 的大小就不是我们能保存下来的了。所以对于比较长的字符串，在计算它的哈希值时往往要取模。

```
// 取模
int num=0,k=27,mo=10000007
for(int i=1;i<=n;i++) num=(num*k+s[i]-'a'+1)%mo;
```

3. 子串的哈希

由于我们将它按照一个 k 进制数的方式去生成，因此也可以按照对于 k 进制数的方式截出一个子串的哈希值。

例如对于 'abcdef'，要求它的子串 'cde' 的哈希值，找出 'abcde' 的哈希值 (对应 k 进制数 12345)，我们只需要将从右往左数第四位即以后的位置的哈希值去掉就好了，即 'ab' 对于这个哈希值的影响，需要减去的实际上就是 k 进制数 12000，也就是 12(k 进制下的) $\times k^3$ (后面 0 的那些位置)。

我们只需要记录每一个前缀的哈希值，以及 k 的次幂就可以用 $O(1)$ 的复杂度算出了。

```
// 子串哈希
int GetSubstring(int l,int r){
```

```
return sum[r]-sum[l-1]*powk[r-l+1];//sum 表示前缀的哈希值，powk[i]=k^i
}
```
或者在模意义下的运算。

4. 信息的丢失

对于长字符串我们在求它的哈希值的时候要取模，但是取模了的话，有一些位置的信息就会丢失，对于两个字符串 s_1、s_2，如果它们完全相同，由于构造方法是一样的，因此它们的 num 一定相同，但是反过来两个字符串 num 相同并不代表这两个字符串一定相同。

这就使得对于很长的、字符集很小的字符串，即使正确率比较高，哈希的正确性也并不能保证。

为了提高它的正确率，我们往往会使用双哈希，甚至三哈希，即对于同一个字符串用不同的方式生成，比较两个字符串只有当它们所有的哈希值都对应相等时才相等。改变生成方式的时候经常使用不同的模数（一般取素数），这要视具体情况而定，这里不再赘述。

散列表 (Hash table)，也叫哈希表，是根据关键码值 (key value) 而直接进行访问的数据结构。也就是说，它通过把关键码值映射到表中一个位置来访问记录，以加快查找的速度。这个映射函数叫作散列函数，存放记录的数组叫作散列表，也就是哈希表。

在信息学中，简单地说，哈希表就是将一个关键字放到一个特殊的桶里面。

由于关键字有可能很大，并不是桶能装下去的，一般来说，我们要将 key 取模后放到桶的对应位置。同样，对于不同的 key，它们取模之后可能就会在桶上对应着同一个位置，所以对于这个桶，同时要记录每一个位置对应的 key 是什么，如果两个 key 对应的位置一样，那么就将其中一个 key 对应的位置往后顺延。

例如桶的大小为 11（在实际问题中可以开得很大），两个关键字 25 和 14，模 11 后都会找到同一个位置 3，假如 25 先去查询，那么 3 对应的 key 就是 25，14 在查询的时候发现 3 的位置已经有了，那它的位置就是 4。

哈希表的时间复杂度取决于哈希表的稀疏程度。如果哈希表比较稀疏，查询是接近 $O(1)$ 的，但是如果哈希表十分密，那么相当于每一次查询都要耗费很多的枚举次数去找到第一个空的位置。

为了尽量提高哈希表的速度，我们一般将模数取为素数，减少取模之后相同的次数。哈希表也可以尽量开大一点，使其更加稀疏。对于不同的题目和数据有的时候需要多次尝试才能找到最好的模数。

例 1　数字统计 (count，1s，256MB)

【问题描述】

给定一个序列 $a[1..n]$，对于每一个 $a[i]$，询问 $1 \sim i-1$ 中有多少个与它一样的数。

$n \leqslant 10^5, a[i] \leqslant 2 \times 10^9$

【输入格式】

第 1 行一个整数 n。

第 2 行 n 个整数，第 i 个为 $a[i]$。

【输出格式】

一行 n 个整数，见题意。

【输入样例】

7

1000000001 1000000001 1000000002 1000000000 1000000002 1000000000 1000000001

【输出样例】

0 1 0 0 1 1 2

【问题分析】

由于 a[i] 的范围比较大，可以在哈希表上查询。

```cpp
#include<cstdio>
#include<cmath>
#include<cstring>
#include<algorithm>
#define maxm 10000007
//maxm 为桶的大小，在查找的时候所有的东西都要对 maxm 取模开始寻找
using namespace std;
int n,i,j,k,x;
int hs[maxm],hsx[maxm];//hs 就是这个桶，hsx 表示这个位置对应的关键字是什么
int Gethash(int x){
    int i=x%maxm;
    while (hs[i]&&hsx[i]!=x)  i=(i+1)%maxm;// 找到这个关键字对应的位置，要么之前已经有了，
    // 即 hsx[i]=x，或找到第一个空的位置，否则一直往下找
    return i;
}
int main(){
    scanf("%d",&n);
    for(i=1;i<=n;i++) {
        scanf("%d",&x);
        int num=Gethash(x);// 找到以 x 为关键字的哈希值，即在桶中对应的位置
        if (!hsx[num]) hsx[num]=x;
        printf("%d ",hs[num]);
        hs[num]++;// 桶上对应位置 +1
    }
}
```

哈希法不失为一种有用的存储技巧。

例 2　文字编辑 (text，1s，32768KB)

【问题描述】

Alice 找到一份文字编辑的工作，第一天就收到了一个艰巨的任务。

一份文档是一个 R*C 的字母矩阵，该文档满足一个特性：任意两列都是不同的。现要求从上往下尽可能多地整行删除，使得剩余的文档依然满足该特性。

【输入格式】

第 1 行包含两个整数 R 和 C($2 \leq R,C \leq 1000$)，表示原始文档的行数和列数。接下来 R 行，每行包含 C 个英文小写字母。

【输出格式】

输出一个整数，表示最多可以删除的行数。注意一定要保证从上到下去删除。

【输入样例】

```
4 6
mrvica
mrvica
marica
mateja
```

【输出样例】

```
1
```

5.2 KMP算法

1. 算法导入

考虑一个很经典的问题：给你两个字符串 S、T，问 T 是否为 S 的子串。

一个很显然的做法：首先假设 T 为 S 的子串，接着枚举 T 串在 S 串中的开始位置，然后逐个字符判断是否相等。代码大致如下：

```
for(int i=1;i<=n-m+1;i++)
{
   int bz=1;
   for(int j=i,k=1;k<=m;j++,k++)
       if(S[j]!=T[k])
       {
            bz=0;
            break;
       }
   if(bz)
   {
        printf("Yes\n");
        return 0;
   }
}
printf("No\n");
```

其中 n、m 分别为 S 串和 T 串的长度。

这个做法在数据随机的情况下，j 和 k 每次移动的次数不会很多，代码整体的时间复杂度还算可观，接近于 $O(n)$。但如果出现下列情况，以上的做法时间复杂度就会变为 $O(nm)$：

S=aaaaaaaaaaaaaaaaaaaaaaaaaaaaaaaaaaaaaaaaaaaaaaaa
T=aaaaaaaaaaaaaaaaaaaab

出现这种情况，每次 k 往往要枚举到 m 才会判断出 T 不是 S 的子串，因此时间复杂度是 $O(nm)$。

于是时间复杂度为 $O(n+m)$ 的 KMP 算法就出现了。

2. 算法介绍

KMP 算法由 D. E. Knuth、J. H. Morris 和 V. R. Pratt 提出，因此称为克努特—莫里斯—普拉特操作（简称 KMP 算法）。核心思想是利用失配后的信息，尽量减少下一次的匹配次数。

3. next 数组

用上面的例子，当 S 串的第 m 串与 T 串的第 m 位失配时，上面朴素的暴力算法是从 S 的第二位和 T 的第一位重新开始逐个匹配。但这样就忽视了当 S 的第 m 位和 T 的第 m 位失配时，$S[1,m-1]$ 与 $T[1,m-1]$ 是相同的。

怎么利用这个性质呢？

设 next[i] 表示满足 $T[1,j]=T[i-j+1,i]$ 且 $j<i$ 的最大的 j，如表 5-1 所示。

表 5-1 next 数组示例

T	a	b	c	a	b	c	a	b
next	0	0	0	1	2	3	1	2

如果理解了 next 的定义，先别急着知道 next 的求法，可以先试着手推几个比较特殊的字符串（比如上面举出的例子）的 next，以深入了解 next。

现在我们得到了 next 数组，应该如何运用它呢？

4. 算法核心

比如现在我们知道 S=ababababc，T=ababc，那么此时可以求出 next={0,0,1,2,0}。

假如现在出现了如表 5-2 所示的情况。

表 5-2 字符串匹配的情况

a	b	a	b	a	b	a	b	c
	a	b	a	b	c			

即此时匹配发现 $S[3,6]$ 和 $T[1,4]$ 是相同的，但 $S[7]$ 和 $T[5]$ 失配了。

按照上面暴力匹配的方法，我们此时会把 S 的左端点右移 1 位，接着从第一位开始重新匹配。但其实 $S[3,6]$ 和 $T[1,4]$ 是相同的，而由 next 数组的定义和求得的值可知 $T[3,4]$ 和 $T[1,2]$ 是相同的，因此我们可以推知 $S[5,6]$ 和 $T[1,2]$ 是相同的。所以其实可以直接把 S 的左端点移至 5，右端点移至 6，把 T 的右端点移至 2，然后直接判断 $S[7]$ 和 $T[3]$ 是否相等。

从上面的模拟过程大概可以看出，KMP 算法的思想大致如下：

(1) 匹配得到 $S[x-y+1,x]=T[1,y]$，但发现 $S[x+1]$ 和 $T[y+1]$ 失配。

(2) 由 next 定义可知 $T[1,next[y]]=T[y-next[y]+1,y]$，因此 $S[x-next[y]+1,x]=T[1,next[y]]$。

(3) 使 $y=next[y]$。

(4) 再次比较 $S[x+1]$ 和 $T[y+1]$ 是否相等，若匹配则判断下一位，否则跳回第 (2) 步。

其中还要注意，若 $y=0$，则表示仍然要重新从第一位开始匹配。

代码如下：

```
for(int i=1,j=0;i<=n;i++)
{
  for(;j&&(S[i]!=T[j+1]);j=next[j]);// 上面说的第 (2)、(3) 步
  if(T[j+1]==S[i])j++;// 要成功匹配了才能匹配下一位
  if(j==m)
  {
      printf("Yes\n");
      return;
  }
}
printf("No\n");
```

因为 $next[j]<j$，而 j 在每次匹配时最多加 1，因此 j 移动的总次数不会超过 n，而 i 的移动次数为 n，因此这一部分的时间复杂度是 $O(n)$。

现在我们在知道 next[] 的值的情况下的匹配方法，那么怎么求 next[] 呢？

5. next[] 的求法

由 next 的定义可知，我们需要寻找一个使 $j<i$ 且 $T[1,j]=T[i-j+1,i]$ 的最大的 j。

考虑当前求出 next[i]，如何求 next[$i+1$]。大致求法如下：

(1) 令 $j=next[i]$。

(2) 由 next 的定义可知，$T[1,j]=T[i-j+1,i]$。

(3) 若 $T[j+1]=T[i+1]$，则 $T[1,j+1]=T[i-j+1,i+1]$，因此 next[$i+1$]=$j+1$；否则由 next 定义可知，$T[1,next[j]]=T[j-next[j]+1,j]$，所以 $T[1,next[j]]=T[i-next[j]+1,i]$，因此令 $j=next[j]$ 并跳回第 (2) 步。

不难发现这个过程相当于 T 串的自我匹配，因此程序实现方式和 S 与 T 匹配的代码十分相似。

代码如下：

```
next[1]=0;
for(int i=2,j=0;i<=m;i++)
{
  for(;j&&(T[i]!=T[j+1]);j=next[j]);
  if(T[i]==T[j+1])j++;
  next[i]=j;
}
```

注意 i 是从 2 开始的，这样是为了保证 $j<i$。

同样，求 next[] 的部分的时间复杂度是 $O(m)$。因此 KMP 算法的时间复杂度是 $O(n+m)$。

例3　房屋购置 (house, 1s, 256MB)

【问题描述】

涛涛最近准备要结婚了，但在这之前他需要买套房子。买房子的确是人生大事哟，所以涛涛要好好斟酌。

于是他去房屋中介网上搜到了各种房子的数据，并得到了这些房子的特征，但是现在有一个问题他感到很困惑，所以希望你能帮帮他。

现在有 N 幢房子，每幢房子用一个字符串 s_i 来描述。同样的房子不同的开发商会用不同的词汇来描述。

某些字符串存在缩写，例如 swimmingpool 可以简写为 pool。

现在有 M 条特征的简写规则，每条规则包含两个字符串 a_i、b_i，表示将所有子串中的 a_i 替换成 b_i。

一个字符串可能会被同一条规则匹配多次，优先替换最左边的，且新生成的字符串不会被重新用于该规则的匹配。不同的规则之间按照严格的顺序关系执行（详见样例）。

现在你需要对已有的 N 条字符串通过 M 条有顺序的替换规则进行缩写。

【输入格式】

第 1 行有两个正整数 N、M，代表 N 幢房子和 M 条替换规则。

接下来 N 行，每行一个字符串 s_i。

接下来 M 行，每行两个字符串 a_i、b_i，中间用空格隔开。

保证所有输入的字符串只会出现小写字母。

【输出格式】

输出 N 行每行一个字符串，代表特征替换后的字符串。

【输入样例 1】

```
3 3
swimmingswimmingpool
catallow
dogallow
cat pet
dog pet
swimmingpool pool
```

【输出样例 1】

```
swimmingpool
petallow
petallow
```

【输入样例 2】

```
2 3
aaaabbb
bbbbaaa
```

```
aaaa cc
cbbb a
bbbb a
```

【输出样例2】

```
ca
aaaa
```

【数据范围】

20% 的数据：$1 \leq |s_i|, |a_i|, |b_i| \leq 100$ ($|s|$ 表示字符串 s 的长度)；

50% 的数据：$1 \leq |s_i|, |a_i|, |b_i| \leq 30\,000$；

100% 的数据：$1 \leq |s_i|, |a_i|, |b_i| \leq 100\,000, 1 \leq N, M \leq 20, |a_i| \geq |b_i|$。

【问题分析】

由于替换严格按照输入顺序，因此每一次替换都是独立的，因此我们只考虑如何处理每一次替换。对于每一次替换，若在 s_i 中找到了所有 a 的位置，那么我们可以用 $O(|s_i|)$ 来构造新串；而找 a 的步骤只需要用 KMP 算法就可以做到 $O(|s_i|)$ 了。因为要枚举替换规则和原串，所以总的时间复杂度就是 $O(nm|s_i|)$。

```cpp
#include<cstdio>
#include<cstring>
using namespace std;
int n,m,q,lena,lenb,len[100001],nex[100001],bz[100001];
char ch[100001],s[21][100001],a[100001],b[100001];
void check(int x)
{
    memset(bz,0,sizeof(bz));// 若bz[i]不为0，则证明s[i]的i~bz[i]为a串
    for(int i=1,j=0;i<=len[x];i++)
    {
        for(;j&&(s[x][i]!=a[j+1]);j=nex[j]);
        j+=s[x][i]==a[j+1];
        if(j==lena)bz[i-lena+1]=I,j=0;
    }
    q=0;
    for(int i=1;i<=len[x];i++)// 这里是将找到的a串替换为b串
        if(!bz[i])ch[++q]=s[x][i];
        else
        {
            for(int j=1;j<=lenb;j++)ch[++q]=b[j];
            i=bz[i];
        }
    len[x]=q;
    for(int i=1;i<=q;i++)s[x][i]=ch[i];
}
```

```
void kmp()
{
    nex[1]=0;
    for(int i=2,j=0;i<=lena;i++)
    {
        for(;j&&(a[i]!=a[j+1]);j=nex[j]);
        nex[i]=j+=(a[i]==a[j+1]);
    }
    for(int i=1;i<=n;i++)
        check(i);
}
int main()
{
    freopen("house.in","r",stdin);
    freopen("house.out","w",stdout);
    scanf("%d%d",&n,&m);
    for(int i=1;i<=n;i++)
    {
        scanf("%s",s[i]+1);
        len[i]=strlen(s[i]+1);
    }
    for(int i=1;i<=m;i++)
    {
        scanf("%s%s",a+1,b+1);
        lena=strlen(a+1);lenb=strlen(b+1);
        kmp();
    }
    for(int i=1;i<=n;i++)
    {
        for(int j=1;j<=len[i];j++)
            printf("%c",s[i][j]);
        printf("\n");
    }
}
```

当然，KMP 算法还有很多扩展的用法，比如 next[i] 的实质就是对于字符串 $T[1,i]$ 来说，既是它前缀又是它后缀但不是它本身的最长子串的长度。我们常常可以利用 next 数组的各种性质来解决问题。

例4　弄提纲 (syllabus, 1s, 256MB)

【问题描述】

新日暮里传说中，比冲是一位博学的哲学教授。由于最近要帮学生准备考试，他决定弄个提纲给学生。然而同事 Van 不服气，觉得这样学生就没有了自我思考，便在提纲中添加废话。

比冲很无奈，他想找回原稿。我们把现在的提纲看成是一个字符串 S。他知道 Van 只会在原稿结尾添加语句，也就是说，原稿是 S 的前缀。

现在比冲有 m 个询问，以此来找出原稿。每次给出两个位置 l,r，问以 l 与 r 结尾的字符串中，有多少个字符串符合原稿的性质，最长的有多长（即：问以 l 和 r 结尾的字符串的公共后缀中，有多少个是原串的前缀，以及公共后缀与原串前缀的最大公共长度）。

【输入格式】

第 1 行输入一个只包含小写字母的字符串 S，代表被改过的提纲。注意字符串从 1 开始编号。

第 2 行输入一个正整数 m，即询问数。

接下来 m 行，每行输入两个正整数 l、r，即位置。

【输出格式】

共 m 行，每行输出两个正整数 a、b，a 表示有多少个合法字符串，b 为最长合法字符串的长度。

【输入样例 1】

```
nguangdongren
2
5 13
6 10
```

【输出样例 1】

```
1 1
1 2
```

【输入样例 2】

```
ababbaabbaababab
3
14 16
3 6
2 4
```

【输出样例 2】

```
2 4
1 1
1 2
```

【数据范围】

30%：$|S| \leq 300; m \leq 300$

60%：$|S| \leq 3000; m \leq 100000$

100%：$|S| \leq 30000; m \leq 100000$

【提示】

建议读者们在学会下一章（高级数据结构）前先完成 60%，学会下一章后再完成 100%。

5.3 Trie 字典树

5.3.1 Trie 字典树的思想

1. Trie 的基本概念

Trie(又称字典树、前缀树、查找树等)，是一种用来保存字符串集合的树形结构。如图 5-1 所示就是一棵 Trie。

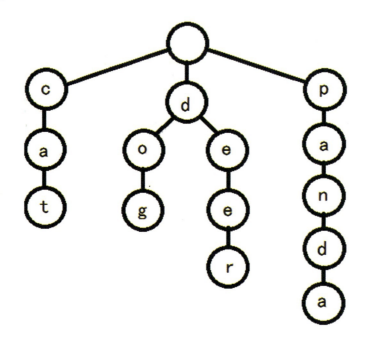

图 5-1　字典树示例

图中表示的字符串集合是：{cat,dog,deer,pan,panda}。

图中，从根到每个结点路径上每个结点依次组成的字符串表示这个结点对应的字符串。在程序中，将根结点编号为 0，然后把其余的结点编号为从 1 开始的正整数。每一个蓝色结点表示一个结束位置，从根到这个结点组成的字符串被标记，表示它出现了。

一般来说，用 ch[i][j] 来保存每一个结点连出去的边所指向的子结点。把所有小写字母按照字典顺序编号为 0，1，…例如，结点 i 下面连接了一条标记为字母 'a' 的边，指向的点是 j，则 ch[i][0]=j('a' 的字典序编号是 0)。如果这个点不存在就 ch[i][0]=0。

使用 Trie 的时候，往往需要在单词结点上打上附加信息，如 val[i] 表示 i 结点表示的字符串出现的次数。或者仅仅只是这个字符串自己拥有的权值(按照集体情况来定)。

2. Trie 的插入及定义

Trie 的插入操作比较简单，每次从根开始走，对于一个新加入的字符串的对应每一位 c 都查

询当前点 u 是否有用标记为 c 的边连接的结点，如果有就直接走过去，否则新建一个结点，赋予它这个字符串的信息，连在 u 点标记为 c 的子结点位置上。

有一个很显然的性质是：如果一个点是新建的，那么下面的所有点都必须新建，因为新建的点根本没有子结点。

Trie 的定义和插入代码如下：

```
struct Trie{
int ch[maxnode][Size];//Size 表示字符集大小
int val[maxnode];
int SZ;
int index(char c){ return c-'a'; }
void insert(char *s,int v){
        int u=Root,n=strlen(s);
        for (int i=0;i<n;++i){
            int c=index(s[i]);
            if(!ch[u][c]) val[++SZ]=0,ch[u][c]=SZ;
            // 若 u 不存在标记为 c 的结点，那么新建结点
            u=ch[u][c];
        }
        val[u]=v;
    }
};
```

3.Trie 的查询

查询一个字符串是否出现过，跟插入类似，需要从根结点开始往下走，判断该结点出现过的条件是：能够从根结点走到这个点并且根结点到这个点的路径上组成的字符串上每一个字符能和查询字符一一对应，并且这个结点要打过标记（插入时打上标记表示此字符串在这里结尾）。

Trie 的查询代码如下：

```
int query(char *s){
    int u=Root,n=strlen(s);
    for (int i=0;i<n;++i){
        int c=index(s[i]);
        if(!ch[u][c]) return 0;
        u=ch[u][c];
    }
    return val[u];
}
```

时间复杂度分析：

对于每一个字符串都要使用 $O(len)$ 的复杂度对应每一位新建结点或查询结点，所以最坏的总时间复杂度是 $O(n*len)$，n 表示字符串个数。

5.3.2　Trie 字典树的应用

1. 字符串检索

事先将已知的一些字符串的有关信息保存到 Trie 树里，查找另外一些未知字符串是否出现过。举例：

(1) 给出 N 个单词组成的熟词表，以及一篇全用小写英文书写的文章，请你按最早出现的顺序写出所有不在熟词表中的生词。

(2) 若干个字符串，其中有些是重复的，需要把重复的全部去掉，保留没有重复的字符串。

例 5　词典 (dictionary，1.5s，256MB)

【问题描述】

小 C 有 n 个字符串 $T_1, T_2, \cdots, T_n$，给出 m 个询问。

第 i 个询问给出一个字符串 S，对于每个询问，我们可以得到一个长度为 n 的 bool 数组 a，其中 $a_i=[S_i$ 是否为 T_i 的前缀 $]$。

例如，$a=[0,0,1]$ 表示 S_i 是 T_3 的前缀，但不是 T_1、T_2 的前缀。

对于每个询问给出的 a 数组，你的任务是求出它的最长全 0 子串长度。

【输入格式】

第 1 行两个数 n、m，表示有 n 个字符串、m 个询问。

接下来 n 行，每行一个字符串 T_i。

再接下来 m 行，每行一个字符串 S_i。

【输出格式】

对于每个询问，输出一个 an_{si} 表示答案。

【输入样例】

```
3 2
abcabc
aabc
abbc
aa
ba
```

【输出样例】

```
1
3
```

【数据范围】

对于 10% 的数据：$n \leqslant 100, m \leqslant 100, \text{len}T \leqslant 100, \sum \text{len}S \leqslant 1000$；

对于 30% 的数据：$n \leqslant 1000, m \leqslant 1000, \text{len}T \leqslant 1000, \sum \text{len}S \leqslant 10\,000$；

对于 100% 的数据：$n \leqslant 10, m \leqslant 10, \sum \text{len}T \leqslant 5 \times 1\,000\,000, \sum \text{len}S \leqslant 3 \times 1\,000\,000$，字符串中只包含 a、b、c 三种字母，数据随机。

【问题分析】

对于 Trie 树上每一个结点我们都记录下这个结点以下形成的串相互之间的答案，因为加入是按编号从小到大插入，所以可以直接更新答案。具体看代码。

```
#include<cstdio>
#include<cstring>
#include<algorithm>
using namespace std;
const int N=5000005;
int n,m,sz=1;
int ch[N][3],last[N],ans[N];
char str[N];
void ins(char *str,int id) {// 插入
    int len=strlen(str+1),now=1;
    for (int i=1;i<=len;++i){
        if (!ch[now][str[i]-'a']) ch[now][str[i]-'a']=++sz;
        now=ch[now][str[i]-'a'];
        ans[now]=max(ans[now],id-last[now]-1);
        last[now]=id;
    }
}
int query(char *str) {// 查询
    int len=strlen(str+1),now=1;
    for (int i=1;i<=len;++i) now=ch[now][str[i]-'a'];
    return max(ans[now],n-last[now]);
}
int main(){
    freopen("dictionary.in","r",stdin);
    freopen("dictionary.out","w",stdout);
    scanf("%d%d",&n,&m);
    int i,j;
    ans[0]=n;
    for (i=1;i<=n;++i){
        scanf("%s",str+1);
        ins(str,i);
    }
    for (i=1;i<=m;++i){
        scanf("%s",str+1);
        printf("%d\n",query(str));
    }
}
```

2. 词频统计

事先将已知的一些字符串的有关信息保存到 Trie 树里，查找另外一些未知字符串出现的频率。

(如上面的查询举例)

3. 最长公共前缀

Trie 还可以用来查找最长公共前缀，每次按照最优的查询，即算上所有后面失配的情况。

4. 排序

事先将已知的一些字符串(字典)的有关信息保存到 Trie 树里，每次按照字典序查询每个点的子结点，找到被打标记的字符串后输出即可。

5. 关于异或

这是 Trie 一个很重要的应用。

例如给你一堆数，查询某个数与这些数中最大的异或值是多少。

这种套路是把这堆数塞进一个 Trie 里(把每个数化成二进制，从高位到低位直接把每一位的 0/1 当成字符串塞进去)。对于每次查询，从根开始查询每一个结点是否有和当前查询的这个数不一样的数(如当前查询的这个数是该位上是 0，查询当前结点是否有一边指向的儿子)，如果有，说明在最优匹配下，当前这一位是有贡献的。

为什么要从高位到低位塞进去？

正确性证明：当前我们从高位开始匹配到第 i 位存在有贡献的情况，假如存在一种更优的方式，当前这一位不做贡献，其后面存在一种有贡献的选法，得到 sum′，使得 sum′>sum(按照当前策略选取的最优答案)，发现无论如何也找不到一种选法使得 sum′>sum，因为即使后面所有的位置都有贡献位 1，加起来仍然没有当前位一个的贡献多，得证。

例 6 异或粽子 (xor, 2s, 1024MB)

【问题描述】

小粽是一个喜欢吃粽子的孩子，今天她在家里自己做起了粽子。

小粽面前有 n 种互不相同的粽子馅儿，小粽将它们摆放了一排，并从左至右编号为 1 到 n。第 i 种馅儿具有一个非负整数的属性值 a_i。每种馅儿的数量都足够多，即小粽不会因为缺少原料而做不出想要的粽子。小粽准备用这些馅儿来做出 k 个粽子。

小粽的做法是：选两个整数 l,r，满足 $1 \le l \le r \le n$，将编号在 $[l,r]$ 范围内的所有馅儿混合做成一个粽子，所得的粽子的美味度为这些粽子的属性值的异或和。(异或就是我们常说的 xor 运算，即 C/C++ 中的 ^ 运算符或 Pascal 中的 xor 运算符)

小粽想品尝不同口味的粽子，因此她不惜用同样的馅儿的集合做出一个以上的粽子。

小粽希望她做出的所有粽了的美味度之和人。请你帮她求出这个值吧！

【输入格式】

第 1 行两个正整数 n、k，表示馅儿的数量以及小粽打算做出的粽子的数量。

接下来一行为 n 个非负整数，第 i 个数为 a_i，表示第 i 个粽子的属性值。

对于所有的输入数据都满足：$1 \le n \le 500\,000, 1 \le k \le \min(n(n-1)/2, 200\,000), 0 \le a_i \le 4\,294\,967\,295$。

【输出格式】

输出一行一个整数,表示小粽可以做出的粽子的美味度之和的最大值。

【输入样例】

3 2

1 2 3

【输出样例】

6

【数据范围】

见表 5-3。

表 5-3　例 6 的数据范围

测试点	N	k
1,2,3,4,5,6,7,8	≤ 1000	≤ 1000
9,10,11,12	≤ 500000	
13,14,15,16	≤ 1000	≤ 200000
17,18,19,20	≤ 500000	

第 6 章

高级数据结构

　　数据结构是解决题目的利器，学会了它们将受益无穷。并查集用于图的动态加边（有时支持删边）和查询两点是否连通和其他的操作，在图论中很常见；RMQ 用于快速实时查询线段中的最大值等答案，但不支持动态修改，在序列查询的题目中较为常见；树状数组支持快速动态修改线段的值和查询区间和，但不支持求区间最大值，代码短，很受欢迎；倍增思想应用得极其广泛；快速幂几乎在每道数论题中都有出现，虽不是最重要的，但它是最基本的；矩阵乘法主要用于加速 DP；树上求 LCA 也是倍增思想的一大分支，极其好用，也不难理解；线段树可支持多种操作，极其全能，也有很多可拓展的东西，但是较难，还有就是速度略逊于树状数组。开始你们的学习之旅吧！

6.1 并查集

1. 并查集概述

并查集 (union-find sets) 是一种简单的用途广泛的集合。并查集是若干个不相交集合，能够实现较快的合并和判断元素所在集合的操作，应用很多，如利用其求无向图的连通分量个数等。最完美的应用当属：实现 Kruskar 算法求最小生成树。

下面介绍并查集的三种主要操作。

1) Make_Set(x)

这个操作建立一个新的集合，其唯一成员就是 x，因此这个集合的代表也是 x。并查集要求各集合是不相交的，因此要求 x 没有在其他集合中出现过。

2) Find_Set(x)

这个操作返回能代表 x 所在集合的结点，通常返回 x 所在集合的根结点。有递归和非递归两种方法，下面会有讲解。

3) Union(x, y)

这个操作将包含 x、y 的动态集合合并为一个新的集合。合并两个集合的关键是找到两个集合的根结点，如果两个根结点相同则不用合并；如果不同，则需要合并。

2. 并查集优化——路径压缩

1) 并查集的思想

每次查找的时候，如果路径较长，则修改信息，以便下次查找的时候速度更快。

2) 并查集的实现

第一步，找到根结点。

第二步，修改查找路径上的所有结点，将它们都指向根结点。

3) 并查集代码

并查集代码具体如下：

```cpp
#include<iostream>
#include<cstring>
#include<cstdio>
#include<cstdlib>
using namespace std;
int father[50002],a,b,m,n,p;
int find(int x){
if(father[x]!=x)
father[x]=find(father[x]);
return father[x];
}
int main()
```

```
{
    int i;
    scanf("%d%d%d",&n,&m,&p);
    for(i=1;i<=n;i++)
        father[i]=i;
    for(i=1;i<=m;i++)
    {
        scanf("%d%d",&a,&b);
        a=find(a);
        b=find(b);
        father[a]=b;
    }
    for(i=1;i<=p;i++)
    {
        scanf("%d%d",&a,&b);
        a=find(a);
        b=find(b);
        if(a==b)
            printf("Yes\n");
        else
            printf("No\n");
    }
    return 0;
}
```

例1 食物链 (chain, 1s, 256MB)

【问题描述】

动物王国中有三类动物 A、B、C，这三类动物的食物链构成了有趣的环形。A 吃 B，B 吃 C，C 吃 A。现有 N 个动物，以 $1 \sim N$ 编号。每个动物都是 A、B、C 中的一种，但是我们并不知道它到底是哪一种。有人用两种说法对这 N 个动物所构成的食物链关系进行描述：

第一种说法是"1 X Y"，表示 X 和 Y 是同类。

第二种说法是"2 X Y"，表示 X 吃 Y。

此人对 N 个动物，用上述两种说法，一句接一句地说出 K 句话，这 K 句话有的是真的，有的是假的。当一句话满足下列三条之一时，这句话就是假话，否则就是真话：

(1) 当前的话与前面的某些真的话冲突，就是假话；

(2) 当前的话中 X 或 Y 比 N 大，就是假话；

(3) 当前的话表示 X 吃 X，就是假话。

你的任务是根据给定的 $N(1 \leqslant N \leqslant 50\,000)$ 和 K 句话 $(0 \leqslant K \leqslant 100\,000)$，输出假话的总数。

【输入格式】

第 1 行是两个整数 N 和 K，以一个空格分隔。

以下 K 行每行是三个正整数 D、X、Y，两数之间用一个空格隔开，其中 D 表示说法的种类。

若 D=1，则表示 X 和 Y 是同类。

若 D=2，则表示 X 吃 Y。

【输出格式】

只有一个整数，表示假话的数目。

【输入样例】

```
100 7
1 101 1
2 1 2
2 2 3
2 3 3
1 1 3
2 3 1
1 5 5
```

【输出样例】

```
7
```

【问题分析】

只有三种动物，那么可以令 $i(0<i\leq n)$ 吃 $i+n+n$，$i+n$ 吃 i，每次判断当前条件是否合法，再判断即可。

参考程序如下：

```cpp
#include<cstdio>
int fat[150001],n,d,x,y,k,s;
int get(int x){
    if(fat[x]==x)return x;
    fat[x]=get(fat[x]);
    return fat[x];
}
int main(){
    scanf("%d%d",&n,&k);
    x=3*n+1;
    while(--x)fat[x]=x;
    while(k--){
        scanf("%d%d%d",&d,&x,&y);
        if((d==2&&x==y)||(x>n||y>n)){
            s++;continue;
        }
        if(d==1){
            if(get(x)!=get(y)){
                if(get(x)==get(y+n)||get(x)==get(y+2*n))
                    s++;
                else{
                    fat[get(x)]=get(y);
                    fat[get(x+n)]=get(y+n);
```

```
                    fat[get(x+2*n)]=get(y+2*n);
                }
            }
        }else{
            if(get(x+n)!=get(y)){
                if(get(x+n)==get(y+n)||get(x+n)==get(y+2*n))
                    s++;
                else{
                    fat[get(x)]=get(y+2*n);
                    fat[get(x+n)]=get(y);
                    fat[get(x+2*n)]=get(y+n);
                }
            }
        }
    }
    printf("%d",s);
}
```

6.2 树状数组

1. 树状数组的含义及原理

树状数组是一个时间复杂度较低的数据结构，常与线段树放在一起讨论。相比起线段树，树状数组的常数更小，但是它的应用面也更小。本节简单介绍树状数组的几种基础用法。

这里先讲一讲树状数组的基本原理。

假设我们现在要维护一个序列的区间和，并且支持单点修改操作，那么我们建立如图6-1所示的树状数组。

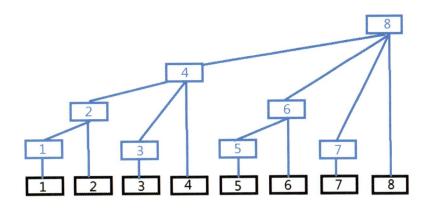

图 6-1 树状数组示例

其中黑色的是原数组 a，而蓝色的就是树状数组 c。连线表示 c 的每一位维护的是 a 的哪几位的和。

我们来找找其中的规律：

c[1]=a[1]
c[2]=a[1]+a[2]
c[3]=a[3]
c[4]=a[1]+a[2]+a[3]+a[4]
c[5]=a[5]
c[6]=a[5]+a[6]
c[7]=a[7]
c[8]=a[1]+a[2]+a[3]+a[4]+a[5]+a[6]+a[7]+a[8]
……

可以发现，这棵树是有规律的。

C[i] = a[i - 2k+1] + a[i - 2k+2] + … + a[i];   //k为i的二进制中从最低位到高位连
                                              // 续零的长度

例如 $i = 8$ (对应的二进制数为1000)时，$k = 3$，可自行验证。

这个怎么实现求和呢？比如我们要找前7项和，那么应该是 SUM = C[7] + C[6] + C[4]；而根据上面的式子，容易得出 $SUM_i = C[i] + C[i-2k_1] + C[(i - 2k_1) - 2k_2] + \cdots$；其实树状数组就是一个二进制上面的应用。

现在新的问题来了：2^k 该怎么求呢？不难得出 $2^k = i\&(i$^$(i-1))$；但这个还是不好求出，前辈的智慧就出来了，$2^k = i\&(-i)$。

为什么呢？

这里利用了负数的存储特性，负数是以补码存储的，对于整数运算 $x\&(-x)$，有以下几种情况。

① 当 x 为 0 时，即 0 & 0，结果为 0。

② 当 x 为奇数时，最后一个二进制位为 1，取反加 1 没有进位，故 x 和 $-x$ 除最后一位外前面的位正好相反，按位与结果为 0。

③ 当 x 为偶数，且为 2 的 m 次方时，x 的二进制表示中只有一位是 1 (从右往左的第 $m+1$ 位)，其右边有 m 位为 0，故 x 取反加 1 后，从右到左有 m 个 0，第 $m+1$ 位及其左边全是 1。这样，$x\&(-x)$ 得到的就是 x。

④ 当 x 为偶数，却不为 2 的 m 次方的形式时，可以写作 $x = y \times (2^k)$。其中，y 的最低位为 1。实际上就是把 x 用一个奇数左移 k 位来表示。这时，x 的二进制表示最右边有 k 个 0，从右往左第 $k+1$ 位为 1。当对 x 取反时，最右边的 k 位 0 变成 1，第 $k+1$ 位变为 0；再加 1，最右边的 k 位就又变成了 0，第 $k+1$ 位因为进位的关系变成了 1。左边的位因为没有进位，正好和 x 原来对应的位上的值相反。二者按位与，得到：第 $k+1$ 位上为 1，左边右边都为 0。结果为 2^k。

总结一下：$x\&(-x)$，当 x 为 0 时结果为 0；x 为奇数时，结果为 1；x 为偶数时，结果为 x 中 2 的最大次方的因子。

那么，如何构建和更新树状数组呢？

对树状数组而言，构建和更新其实是一样的操作：

先将 A 数组中的每一个数都放在 C 数组的 $1 \sim N$ 中。

然后对 C 数组中的每一个元素将其下标 i 不断地加上 lowbit(i)，直到大于 N 为止，这样一个树状数组就构建完成。

2. 树状数组的几种变式

下面介绍树状数组的几种变式 (区间更新，区间查询)。

上面介绍的是最普通的单点更新、区间查询，但如果有些时候是区间更新，单点求和，怎么办？又或是区间更新，区间求和，怎么办？这里将介绍各种情况该怎么写。

如果上面的单点更新，区间查询还没看懂，建议再思考再往下看。

1) 单点更新，单点查询

传统数组可做。

2) 单点更新，区间查询

已讲解，详细看上面。

3) 区间更新，单点查询

这就是第一个问题，如果题目是让你把 $x \sim y$ 区间内的所有值全部加上 k 或者减去 k，然后查询操作是问某个点的值，这个时候该怎么做呢？如果是像上面的树状数组来说，就必须把 $x \sim y$ 区间内每个值都更新，这样的复杂度肯定是不行的，这个时候，就不能再用数据的值建树了，这里我们引入差分，利用差分建树。

4) 区间更新，区间查询

不作详细的介绍。

例 2　星星点灯 (star，1s，256MB)

【问题描述】

天文学家经常要检查星星的地图，每个星星用平面上的一个点来表示，每个星星都有坐标。我们定义一个星星的"级别"为给定的星星中不高于它并且不在它右边的星星的数目。天文学家想知道每个星星的"级别"。

例如图 6-2，5 号星的"级别"是 3(1、2、4 这三个星星)，2 号星和 4 号星的"级别"为 1。

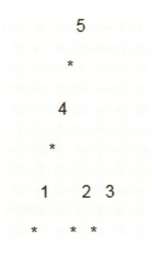

图 6-2　星星点灯示例

给你一个地图，你的任务是算出每个星星的"级别"。

【输入格式】

输入的第 1 行是星星的数目 $N(1 \leq N \leq 60\,000)$，接下来的 N 行描述星星的坐标 (每一行是用一个空格隔开的两个整数 $X,Y,0 \leq X,Y \leq 32\,000$)。星星的位置互不相同。星星的描述按照 Y 值递增的顺序列出，Y 值相同的星星按照 X 值递增的顺序列出。

【输出格式】

输出包含 N 行，一行一个数。第 i 行是第 i 个星星的"级别"。

【输入样例】

```
5
1 1
5 1
7 1
3 3
5 5
```

【输出样例】

```
0
1
2
1
3
```

6.3 RMQ

1. 定义

RMQ(Range Minimum/Maximum Query，区间最值查询) 算法一般用较长时间做预处理，时间复杂度为 $O(n\log_2 n)$，然后可以在 $O(1)$ 的时间内处理每次查询。关于 RMQ 问题，还是有很多方法来求解的 (像线段树啊什么的)，本篇主要介绍 ST 算法。

要注意的是，ST 算法只适用于静态区间求最值，如果是动态的，还是应用线段树解决。

2. ST 算法流程

ST 算法其本质相当于动态规划，下面我们以求最大值为例 (最小值求法和最大值差不多)。我们用 $f[i][j]$ 表示以 i 为起点，连续 2^j 个数中的最大值，例如 $f[2][2]$ 就表示第 2 个数到第 5 个数的最大值。

1) 预处理

我们用 A 表示原序列，由于 $i \wedge 0 = 1$，按照 f 数组的定义，$f[i][0]$ 就等于 $A[0]$(初始化)。对于其他的处理，我们看图 6-3。

图 6-3　拆分示例

对于每一个 f 数组表示的序列，我们都把它拆成两部分，很明显，它的最大值就是这两部分的最大值中较大的那一个。

那么转移方程就是：$f[i][j] = \max\{f[i][j-1], f[i+(1<<(j-1))][j-1]\}$ （$1<<j$ 是位运算，相当于 2^j）。

2) 查询

查询的话我还是画了一个图（见图 6-4）。

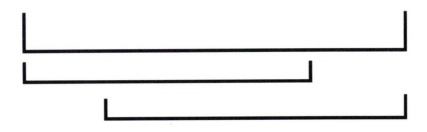

图 6-4　查询示意

假设要查询的区间为 $[l,r]$，我们用 L 表示区间 $[l,r]$ 的长度，即 $L=r-l+1$，下面用 k 表示 $\log_2 L$。其中查询的话，区间长度 L 不一定刚好是 2 的多少次方，又因为 $\log_2 L$ 是向下取整，那么 2^k 就有可能小于 L，这样的话，我们就不能直接用 $f[l][k]$ 来表示答案，不然的话会有遗漏（例如图 6-4 中的左半部分）。

正确的做法是我们就从 l 往右取 2^k 个（即 $f[l][k]$），从 r 往左取 2^k 个（即 $f[r-(1<<k)+1][k]$），这样就能保证区间 $[l,r]$ 都被访问到了，重复计算的不用担心，这是计算最值而不是求和。

那么答案 answer $= \max\{f[l][k], f[r-(1<<k)+1][k]\}$。

3) 复杂度分析

其实时间复杂度看代码很容易可以分析出来。

预处理部分：j 循环是 $O(\log_2 n)$，i 循环是 $O(n)$，总共是 $O(n * \log_2 n)$。

询问部分：每次询问的复杂度是 $O(1)$，有 q 个询问就是 $O(q)$。

例如，有一个数列 $a[1..n](1 \leq n \leq 100\,000)$，给出初始的数列，有 $q(1 \leq q \leq 100\,000)$ 次询问，每次询问一段区间 $[l,r]$ 中的最大值。

初步优化：

设 $f[i][j]$ 表示区间 $[i,i+2^j)$ 的最大值，默认对于 $i>n,a[i]=0$，考虑求 $f[i][j]$。

显然 $f[i][0]=a[i]$，因为由上述定义可知，$f[i][0]$ 表示区间 $[i,i+1)$ 的最大值。

那么对于 $f[i][j] (j>0)$ 有 $f[i][j]=\max(f[i][j-1], f[i+(1<<j-1)][j-1])$。

根据定义，

$f[i][j]$ 表示区间 $[i, i+2^j)$ 的最大值

$f[i][j-1]$ 表示区间 $[i, i+2^{(j-1)})$ 的最大值

$f[i+(1<<j-1)][j-1]$ 表示区间 $[i+2^{(j-1)}, i+2^j)$ 的最大值

显然，区间 $[i, i+2^{(j-1)})$ 与区间 $[i+2^{(j-1)}, i+2^j)$ 取并正好是区间 $[i, i+2^j)$，上面式子是成立的。我们只需从小到大枚举 j，再枚举 i 即可。

伪代码如下：

```
int a[N];
int f[N*2][20];
int max(int x,int y){
  if(x>y)return x;
  return y;
}

for(int i=1;i<=n;i++)
    f[i][0]=a[i];
for(int j=1;j<=16;j++)
    for(int i=1;i<=n;i++)
        f[i][j]=max(f[i][j-1],f[i+(1<<j-1)][j-1]);
```

例3　飞船 (ship, 1s, 256MB)

【问题描述】

2008 年 9 月 25 日 21 点 10 分，酒泉卫星发射中心指控大厅里，随着指挥员一声令下，长征二号 F 型火箭在夜空下点火起飞，神舟七号飞船载着翟志刚、刘伯明、景海鹏 3 位航天员，在戈壁茫茫的深邃夜空中飞向太空，开始人类漫步太空之旅。第 583 秒，火箭以 7.5 公里 / 秒的速度，将飞船送到近地点为 200 公里、远地点为 350 公里的椭圆轨道入口。而此时，火箭的燃料也消耗殆尽，即将以悲壮的方式与飞船告别。这个过程，在短短不到 10 分钟时间内，翟志刚和他的两名战友体会到了从超重到失重的过程。

除了超重和失重的感觉之外，就是浩瀚的长空中璀璨的星星。和地面上看到的星星不同，在太空中看到的星星是成一条直线的，一共有 $N(1 \leqslant N \leqslant 100\,000)$ 颗星星，编号为 1 到 N，每个星星有自己的体积，由于在飞船中很无聊，除了不停地玩弄手中失重的书和笔之外没有别的事可干，此时翟志刚说我们来玩游戏吧，一共玩了 M 轮 $(1 \leqslant M \leqslant 100\,000)$，每一轮都是给出两个整数 L 和 $R(1 \leqslant L \leqslant R \leqslant N)$，询问第 L 到第 R 颗星星之间最大星星的体积，每次答对的人就可以多休息一段时间。

由于翟志刚还要进行太空漫步，因此他现在请你帮忙，你得到的回报就是太空饼干。

【输入格式】

第 1 行输入 N、M。

接下来一行 N 个整数，表示星星的体积 ($1 \leq$ 体积 $\leq$ maxlongint)。
接下来 M 行，每行两个整数 L_i, R_i，表示询问区间。

【输出格式】

输出 M 行，每一行表示询问区间 L_i 到 R_i 之间最大星星的体积。

【输入样例】

```
6 3
5 7 3 9 2 10
1 3
2 4
3 6
```

【输出样例】

```
7
9
10
```

【数据范围限制】

50% 的数据满足 $n,q \leq 10^3$；
100% 的数据满足 $n,q \leq 10^5$。

【参考程序】

```cpp
#include<cstdio>
#include<algorithm>
using namespace std;
int f[100010][18];
int main()
{
    scanf("%d%d",&n,&m);
    for (int i=1;i<=n;i++) scanf("%d",&f[i][0]);
    for (int j=1;(1<<j)<=n;j++)
        for (int i=1;i<=n-(1<<j)+1;i++)
            f[i][j]=max(f[i][j-1],f[i+(1<<(j-1))][j-1]);

    for (int i=1,l,r,k;i<=m;i++)
    {
        scanf("%d%d",&l,&r);
        k=0;
        while ((1<<k+1)<=r-l+1) k++;
        printf("%d\n",max(f[l][k],f[r-(1<<k)+1][k]));
    }
}
```

6.4 快速幂与矩阵乘法

6.4.1 快速幂

顾名思义，快速幂就是快速算底数的 n 次幂。其时间复杂度为 $O(\log_2 N)$，与朴素的 $O(N)$ 相比效率有了极大的提高。

可以看到，算法的时间复杂度是 $O(n)$。为了降低时间复杂度，我们可以使用快速幂算法，将时间复杂度降低到 $O(\log_2 n)$，n 是幂。

首先，快速幂的目的就是做到快速求幂。

假设我们要求 a^b，那么其实 b 是可以拆成二进制的，该二进制数第 i 位的权为 $2^{(i-1)}$。例如当 $b=11$ 时 a^$11=a$^$(2$^$0+2$^$1+2$^$3)$。

11 的二进制是 1011，$11 = 2^3 \times 1 + 2^2 \times 0 + 2^1 \times 1 + 2^0 \times 1$，因此，我们将 a^{11} 转化为算 a^2^$0 * a$^2^$1 * a$^2^3，也就是 $a^1 \times a^2 \times a^8$，看出来快得多了吧。原来算 11 次，现在算 3 次。那么怎么算呢？

可以考虑成根据二进制的权值来求解的。那么在关于位运算的部分，我们可以逐位获取 b 的位，碰到 0，就累乘，碰到 1，就将累乘的值累乘到答案。

由此可以得到代码：

```
1    int poww(int a, int b) {
2    int ans = 1, base = a;
3    while (b != 0) {
4        if (b & 1 != 0)
5    {
6            ans *= base;
7    }
8            base *= base;
9            b >>= 1;
10   }
11   return ans;
12   }
```

以 $b=11$ 为例，b=>1011，二进制从右向左算，但乘出来的顺序是 a^$(2$^$0)*a$^$(2$^$1)*a$^$(2$^$3)$，是从左向右的。我们不断地让 base*=base，目的即是累乘，以便随时对 ans 做出贡献。

其中要理解 base*=base 这一步：因为 base*base=base^2，下一步再乘，就是 base^2*base^2=base^4，然后同理 base^4*base^4=base^8，由此可以做到 base → base^2 → base^4 → base^8 → base^{16} → base^{32} →⋯指数正是 2^i。再看上面的例子，$a^{11}= a^1 \times a^2 \times a^8$，这三项就可以完美解决了，快速幂就是这样。

下面介绍快速幂取模。

根据同余定理，我们知道 $(a*b)\%m = ((a\%m)*(b\%m))\%m$。

其实快速幂取模也是用到这个。那么根据上面的定理可以推导出另一个定理：

$(a\char`\^ b)$ mod $c = (a * a * a \cdots\cdots)\%c = ((a\%c)*(a\%c)*(a\%c)*\cdots\cdots)\%c = (a\%c)\char`\^ b \%c$;

这就是快速幂取模。

代码如下：

```
int pow_mod(int a ,int b)
{
    int ans = 1 ;
    int base = a % c;
        while(b>0)
        {
            if(b&1!=0)
                ans = (ans *base)%c;
        }
         base = (base*base)%c;
        b >>= 1;
        return ans;
}
```

例4　幂 (power, 15, 256MB)

【问题描述】

给定 x、y，求 $x\char`\^ y\%998244353$。

【输入格式】

两个数 x、y。

【输出格式】

一个数，表示答案。

【输入样例】

2 4

【输出样例】

16

【数据范围】

x、y 为整数且 $1 \leqslant x \leqslant 998244352, 1 \leqslant y \leqslant 10^{18}$。

【参考程序】

```
#include<stdio.h>
const long long mo=998244353;
long long x,y;
```

```
long long power(long long x,long long y){
    long long ans=1,p=x;
    
    while(y>0){
        if(y%2==1){
            ans=ans*p%mo;
        }
        
        y=y/2;
        p=p*p%mo;
    }
    
    return ans;
}

int main(){
    scanf("%lld%lld",&x,&y);
    
    printf("%lld",power(x,y));
}
```

6.4.2 矩阵乘法

矩阵乘法是一种高效的算法，可以把一些一维递推优化到 log(n)，还可以求路径方案等，所以更是一种应用性极强的算法。矩阵，是线性代数中的基本概念之一。一个 $m \times n$ 的矩阵就是 $m \times n$ 个数排成 m 行 n 列的一个数阵。由于它把许多数据紧凑地集中到了一起，因此有时候可以简便地表示一些复杂的模型。矩阵乘法看起来很奇怪，但实际上非常有用，应用也十分广泛。

只有当矩阵 A 的列数与矩阵 B 的行数相等时 $A \times B$ 才有意义。一个 $m \times n$ 的矩阵 $a(m,n)$ 左乘一个 $n \times p$ 的矩阵 $b(n,p)$，会得到一个 $m \times p$ 的矩阵 $c(m,p)$，满足矩阵乘法的结合律，但不满足交换律，一般的矩乘要结合快速幂才有效果。(基本上所有矩阵乘法都要用到快速幂)

在计算机中，一个矩阵实际上就是一个二维数组。一个 n 行 m 列的矩阵与一个 m 行 p 列的矩阵可以相乘，得到的结果是一个 n 行 p 列的矩阵，其中的第 i 行第 j 列位置上的数为第一个矩阵第 i 行上的 m 个数与第二个矩阵第 j 列上的 m 个数对应相乘后所得的 m 个乘积之和。比如，下面的算式表示一个 2 行 2 列的矩阵乘以 2 行 3 列的矩阵，其结果是一个 2 行 3 列的矩阵。其中，结果矩阵的那个 4(结果矩阵中第 2(i) 行第 2(j) 列)=2(第一个矩阵第 2(i) 行第 1 列)×2(第二个矩阵中第 1 行第 2(j) 列)+0(第一个矩阵第 2(i) 行第 2 列)×1(第 2 个矩阵中第 2 行第 2(j) 列)。

例 5 包围 (siege, 1s, 256MB)

【问题描述】

经过刘邦的严密缉查，项羽的位置也就水落石出了。刘邦便趁机集合军队，对项羽进行围攻。为了增加胜率，张良研究出一种全新的战法，目的就是一举打败难缠的项羽。

这种军队共有 N 个单位，一个接着一个排成一排，每个单位可以是士兵，或者是战车，这样的组合可以爆发出意想不到的强大战斗力；但有一点，两辆战车不能相邻，否则会发生剐蹭等不好的事故。刘邦希望知道这 N 个单位的军队有多少种不同的排列方法，以便在战场中随机应变。两种军队的排列方法是不同的，当且仅当某一个单位对应不同，如：第 i 位这种是士兵，那种是战车……

【输入格式】

输入仅一行，一个整数 N。

【输出格式】

输出仅一行，一个整数，表示排列的方案数。

答案对 10^8+7 取模。

【输入样例】

3

【输出样例】

5

【数据范围】

对于 30% 的数据：$N \leq 15$；

对于 70% 的数据：$N \leq 10^6$；

对于 100% 的数据：$N \leq 10^{18}$。

【问题分析】

$f[i][0]$ 表示第 i 位放战车的方案数，$f[i][1]$ 表示第 i 位放士兵的方案数。

那么

$f[i][0]=f[i-1][0]+f[i-1][1]$；$f[i][1]=f[i-1][0]$

所以有 $f[i-1][1]=f[i-2][0]$；$f[i][0]=f[i-1][0]+f[i-2][0]$，而 $f[i][0]$ 是斐波那契数列，又因为 $f[i][1]=f[i-1][0]$，第 i 位的答案等于 $f[i][0]+f[i][1]=f[i][0]+f[i-1][0]=f[i+1][0]$。

【参考程序】

```cpp
#include<cstdio>
#include<cstring>
#define mo 100000007
#define ll long long
#define fo(i,j,n) for(int i=j;i<=n;i++)
ll n,k,a[2],f[2][2],s[2],c[2][2];

void cheng(ll z[2][2],int check){
```

```
    ll g[2][2];
    memset(g,0,sizeof(g));
    
    fo(i,0,1)
        fo(j,0,1)
            fo(k,0,1)
                g[i][j]=(g[i][j]+z[i][k]*c[k][j])%mo;
    
    if(check==1)memcpy(c,g,sizeof(c));
    else memcpy(f,g,sizeof(f));
}

void quickmi(ll n){
    
    c[0][0]=0;
    c[1][0]=c[0][1]=c[1][1]=1;
    f[1][0]=f[0][1]=f[1][1]=1;
    
    while(n){
        
        if(n&1)cheng(f,0);
        cheng(c,1);
        
        n/=2;
    }
}
int main(){
    scanf("%lld",&n);
    
    a[0]=1;
    a[1]=2;
    quickmi(n-2);
    
    fo(i,0,1)
        fo(j,0,1)
            s[i]=(s[i]+a[j]*f[j][i])%mo;
    
    printf("%lld",s[1]);
}
```

6.4.3 LCA

　　LCA 指的是最近公共祖先 (Least Common Ancestors)。在一棵没有环的树上，每个结点肯定有其父亲结点和祖先结点，而最近公共祖先，就是两个结点在这棵树上深度最大的公共的祖先结点。换句话说，就是两个点在这棵树上距离最近的公共祖先结点。

　　所以 LCA 主要是用来处理当两个点仅有唯一一条确定的最短路径时的路径。有人可能会问：

那他本身或者其父亲结点是否可以作为祖先结点呢？

答案是肯定的。很简单，按照人的亲戚观念来说，你的父亲也是你的祖先，而 LCA 还可以将自己视为祖先结点。

举个例子吧，如图 6-5 所示 4 和 5 的最近公共祖先是 2，5 和 3 的最近公共祖先是 1，2 和 1 的最近公共祖先是 1。

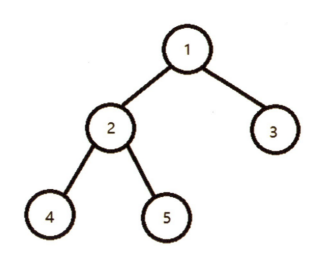

图 6-5　树的示例

那么我们该如何去求这个最近公共祖先呢？

通常初学者都会想到最简单粗暴的一个办法：对于每个询问，遍历所有的点，时间复杂度为 $O(n*q)$，很明显，n 和 q 一般不会很小。

求解最近公共祖先的常用算法包括了倍增法、离线算法（并查集＋深搜）、在线算法（RMQ＋深搜）等，时间复杂度在 $O(\log_2 n) \sim O(n\log_2 n)$ 之间。

有的题目是可以用线段树来做的，但是其代码量很大，时间复杂度也偏高，在 $O(n) \sim O(n\log_2 n)$ 之间，优点也是简单粗暴。

什么是 Tarjan（离线）算法呢？顾名思义，就是在一次遍历中把所有询问一次性解决，所以其时间复杂度是 $O(n+q)$。

Tarjan 算法的优点在于相对稳定，时间复杂度也比较居中，也很容易理解。

下面详细介绍 Tarjan 算法的基本思路：

(1) 任选一个点为根结点，从根结点开始。

(2) 遍历该点 u 所有子结点 v，并标记这些子结点 v 已被访问过。

(3) 若是 v 还有子结点，返回 (2)，否则下一步。

(4) 合并 v 到 u 上。

(5) 寻找与当前点 u 有询问关系的点 v。

(6) 若是 v 已经被访问过了，则可以确认 u 和 v 的最近公共祖先为 v 被合并到的父亲结点 a。

遍历的话需要用到深度优先搜索来遍历，至于合并，最优化的方式就是利用并查集来合并两个结点。

下面是伪代码：

```
Tarjan(u)//marge 和 find 为并查集合并函数和查找函数
{
    for each(u,v)          //访问所有 u 子结点 v
    {
        Tarjan(v);         //继续往下遍历
        marge(u,v);        //合并 v 到 u 上
        标记 v 被访问过；
    }
    for each(u,e)          //访问所有和 u 有询问关系的 e
    {
        如果 e 被访问过；
        u,e 的最近公共祖先为 find(e);
    }
}
```

考虑进一步优化，设 $p[i][j]$ 表示 i 结点向上走 2^j 步是什么，这个思想有点类似于 RMQ。

考虑求 $p[i][j]$，显然 $p[i][0]=fa[i]$，对于 $j>0$，那么 $p[i][j]=p[p[i][j-1]][j-1]$，$p[p[i][j-1]][j-1]$，表示 i 向上走 $2^{(j-1)}$ 步后到达所在结点后再向上走 $2^{(j-1)}$ 步，即 i 向上走 2^j 步到达的结点。

时间复杂度：j 的范围是 $O(\log_2 n)$，所以总复杂度是 $O(n*\log_2 n)$。

考虑询问怎么办，思想和上述方法类似，第一步也是使 x 跳到和 y 等高的结点。

怎么跳呢？

设 x、y 的深度差为 d，把 d 写成二进制形式，如果 d 的第 i 位为 1，我们就使 $x=p[x][i]$。

```
d=dep[x]-dep[y];
for(int i=0;i<=17;i++)
if((d&(1<<i))>0){
    x=p[x][i];
    d=dep[x]-dep[y];
}
```

注意写 $(a\&b)>0$ 时一定要带括号，要不然会被认为是 $a\&(b>0)$。

此时 dep[x]=dep[y] 了，然后怎么办呢？如果 $x=y$，那么直接 return x。

如果不相同，那么我们的目的就是找到 x、y 分别到 LCA 的路径中的离 LCA 最近的那两个点。就是我们使 x 和 y 都在满足 $x!=y$ 的条件下尽量往上跳，跳到底为止，那么得到的 x 的父亲，即 $p[x][0]$ 就是 LCA，这很显然：

```
for(int i=17;i>=0;i--)
    if(p[x][i]!=p[y][i])
        x=p[x][i],y=p[y][i];
return x;
```

单次询问的复杂度为 $O(\log_2 n)$，简单高效。

例6 最近公共祖先 (lca, 1s, 256MB)

【问题描述】

给定一棵有根多叉的树,请求出指定两个点直接最近的公共祖先。

【输入格式】

第1行包含三个正整数 N、M、S,分别表示树的结点个数、询问的个数和树根结点的序号。

接下来 $N-1$ 行每行包含两个正整数 x、y,表示 x 结点和 y 结点之间有一条直接连接的边(数据保证可以构成树)。

接下来 M 行每行包含两个正整数 a、b,表示询问 a 结点和 b 结点的最近公共祖先。

【输出格式】

输出包含 M 行,每行包含一个正整数,依次为每一个询问的结果。

【输入样例】

```
5 5 4
3 1
2 4
5 1
1 4
2 4
3 2
3 5
1 2
4 5
```

【输出样例】

```
4
4
1
4
4
```

【数据范围】

对于 30% 的数据:$N \leq 10$,$M \leq 10$;

对于 70% 的数据:$N \leq 10\,000$,$M \leq 10\,000$;

对于 100% 的数据:$N \leq 500\,000$,$M \leq 500\,000$。

【参考程序】

```cpp
#include<iostream>
#include<cstdio>
using namespace std;
int n,m,s,x,y,tot;
int head[500001],next[500001],e[500001],f[500001][21],d[500001];
void add(int x,int y)
{
```

```
    e[++tot]=y;
    next[tot]=head[x];
    head[x]=tot;
}void dg(int u,int father)
{
    int i;
    d[u]=d[father]+1;
    for (i=0;i<=19;i++)
        f[u][i+1]=f[f[u][i]][i];
    for (i=head[u];i;i=next[i])
    {
        if (e[i]==father) continue;
        f[e[i]][0]=u;
        dg(e[i],u);
    }
}
int lca(int x,int y)
{
    int i;
    if (d[x]<d[y]) swap(x,y);
    for (i=20;i>=0;i--)
        if ((d[f[x][i]]-d[y])&(1<<i)) x=f[x][i];
if (x==y) return x;

    for (i=20;i>=0;i--)
    {
        if (f[x][i]!=f[y][i])
        {
            x=f[x][i];
            y=f[y][i];
        }
    }
    return f[x][0];
}
int main()
{
    scanf("%d%d%d",&n,&m,&s);
    for (int i=1;i<n;i++)
    {
        scanf("%d%d",&x,&y);
        add(x,y);
        add(y,x);
    }
    dg(s,0);
```

```
for (int i=1;i<=m;i++)
{
    scanf("%d%d",&x,&y);
    printf("%d\n",lca(x,y));
}
}
```

6.5 线 段 树

线段树是一种基于二叉树的数据结构,用途广泛,常常用于处理序列上的问题。线段树优秀的时间复杂度以及简单的代码实现使得它成为一种受欢迎的数据结构,在各种竞赛中经常出现。线段树也是高级数据结构的基础。

6.5.1 线段树的基本思想

比如说我们需要解决一个这样的维护序列的问题。

例7 最大值(max,1s,256MB)

【问题描述】

在 $N(1 \leqslant N \leqslant 100000)$ 个数 $A_1, A_2, \cdots, A_n$ 组成的序列上进行 $M(1 \leqslant M \leqslant 100\,000)$ 次操作,操作有两种。

(1) 1 $x\,y$:表示修改 $A[x]$ 为 y;

(2) 2 $x\,y$:询问 x 到 y 之间的最大值。

【输入格式】

第 1 行输入 $N(1 \leqslant N \leqslant 100000)$,表示序列的长度,接下来 N 行输入原始序列;接下来一行输入 $M(1 \leqslant M \leqslant 100000)$ 表示操作的次数,接下来 M 行,每行为 1 $x\,y$ 或 2 $x\,y$。

【输出格式】

对于每个操作 (2) 输出对应的答案。

【输入样例】

5
1
2
3
4
5
3
2 1 4
1 3 5
2 2 4

【输出样例】

4

5

【问题分析】

一开始给你一个序列 $a[1],a[2],\cdots,a[N]$，接下来有 Q 个操作，有以下两种操作：

(1) 输入 1 x c，表示将 $a[x]$ 变成 c。

(2) 输入 2 l r，表示询问区间 $a[l],a[l+1],\cdots,a[r]$ 中的最大值。

$N \leq 100000$，$Q \leq 100000$

对于这种问题，当然有一种暴力的思路。询问的时候，直接枚举 $[l,r]$ 中的所有数取最大值；修改的时候，直接修改。这样做的正确性是对的，但是时间复杂度为 $O(NQ)$，显然会时间超限。

而线段树可以在 $O(Q\log_2 N)$ 的时间内解决这个问题。

图 6-6 是序列长度为 6 的线段树。

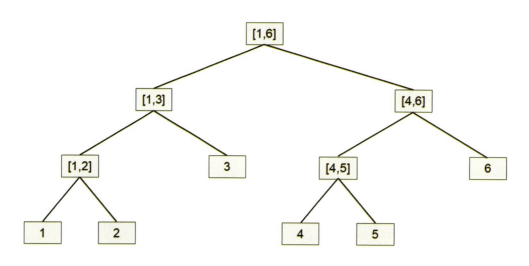

图 6-6 线段树示例

线段树的每个结点表示一个区间。对于每个非叶子结点，它都有两个儿子，每个儿子表示的区间分别是它的左半边和右半边。

设某个结点表示区间为 $[l,r]$。

若 $l=r$，则这个结点为叶子结点。

若 $l<r$，则它左儿子的区间为 $[l,(l+r)/2]$，右儿子的区间为 $[(l+r)/2+1,r]$（除法下取整）。

可以看到，每次区间都基本被平分成二等份。

线段树有 $O(\log_2 N)$ 层。线段树的结点数可以这么计算：$N+N/2+N/4+\cdots+1 \approx 2N$。

线段树主要有两种存储方式：堆式存储、链式存储。

堆式存储，就是和普通堆的存储方式一样。存储下标从 1 开始，假设某个结点的编号为 x，则它的父亲（若 $x \neq 1$）编号为 $x/2$，它的左儿子为 $2x$，右儿子为 $2x+1$。

链式存储，就是对于每个结点都存下它左右儿子的编号。

堆式存储的实现方式一般更加简单，但是局限性较大。并且，由于线段树常常不是一棵满二叉树，因此会有一些空缺的结点（除非 N 为 2 的幂次）。如果使用堆式存储，可以证明空间需要用到 4N。链式存储也不少见，一般在动态开点的线段树 (如主席树) 中使用。

每个结点要维护它表示的区间的信息。在这个问题中，每个区间的信息就是这个区间 $[l,r]$ 内 $a[l],a[l+1],\cdots,a[r]$ 的最大值。

先不说线段树怎么处理询问和修改，我们现在考虑线段树怎么建。

```
// 以下程序采用堆式存储
int a[maxN],mx[maxN*4];
void build(int k,int l,int r){
    if (l==r){
        mx[k]=a[l];
        return;
    }
    int mid=l+r>>1;//>> 是右移符号，相当于除以 2 下取整，这里先算 + 再算 >>
// 注意：建议不要写成 (l+r)/2，因为有些题目中区间可以有负数域，当 l+r 为负数时，
//(l+r)/2 会变成除以 2 上取整
    build(k<<1,l,mid);//<< 是左移符号，这里也可以写成 k*2。递归左儿子
    build(k<<1|1,mid+1,r);//| 是按位或符号，这里也可以写成 k*2+1。递归右儿子
    mx[k]=max(mx[k<<1],mx[k<<1|1]);// 维护信息
}
```

使用的时候调用 build(1,1,N)。其中 l 和 r 的初值要按照实际情况中维护区间的左右端点来定，在这题中，l 和 r 的初值分别为 1 和 N。

建立线段树的时候，我们多数情况下没有必要记下每个结点的左端点和右端点。区间的左端点和右端点在递归的时候顺便维护就好了。

在维护信息的时候，通常是将左右儿子的区间合并。在这题中，$[l,r]$ 中的最大值显然为 $[l,mid]$ 中的最大值和 $[mid+1,r]$ 中的最大值两个中取更大的。这样，线段树中的区间维护的信息一定要满足可加性，就是每个区间的信息一定可以由它的两个儿子的信息合并得来。比如，维护最大值、最小值、和、积、异或和；不满足可加性的东西不好维护，比如区间众数。

由于线段树有 $2N$ 个结点，build 操作只会遍历每个结点一次，因此建树的时间复杂度是 $O(N)$。

6.5.2 线段树的单点修改

线段树的单点修改方式是自底向上，先找到叶子结点，修改它的信息，并且沿着父亲边更新它祖先的信息。单点修改主要有两种方式：一种是存储或计算每个叶子结点的位置，然后直接向上更新信息；另一种是递归下去寻找，然后回溯的过程中更新信息。一般而言，前者常数较小，但是后者却被更加广泛地应用。并且也因为前者相对容易实现，所以本文只介绍后一种方法。

递归寻找，假设当前的区间为 $[l,r]$，要修改 $a[x]$。设 $mid=l+r>>1$。

如果 $l=r$，则已经到了叶子结点，直接修改即可。

当 $x \leq mid$ 时，在当前结点的左儿子寻找叶子结点。

当 $mid<x$ 时，在当前结点的右儿子寻找叶子结点。

在回溯的时候顺便更新当前结点的信息。

如果要在如图 6-7 所示的线段树中修改 $a[4]$，那么在线段树上要修改的点为图 6-7 中标了阴影的点。

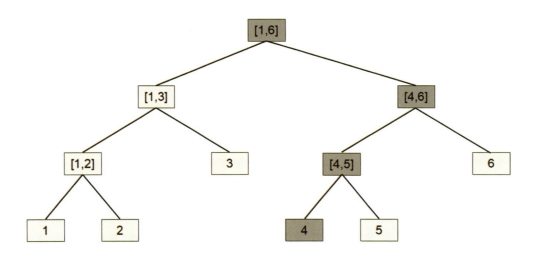

图 6-7　线段树的修改

下面是线段树单点修改的代码。

```
void change(int k,int l,int r,int x,int c){
  if (l==r){
      mx[k]=c;//直接修改信息
      return;
  }
  int mid=l+r>>1;
  if (x<=mid)
      change(k<<1,l,mid,x,c);//在左儿子中找
  else
      change(k<<1|1,mid+1,r,x,c);
  mx[k]=max(mx[k<<1],mx[k<<1|1]);//维护信息
}
```

其中 $mx[k]=max(mx[k<<1],mx[k<<1|1])$ 这段代码用来维护当前结点信息。为了方便后面的叙述，我们称之为 update(更新) 操作。

由于递归时每次只会往左儿子或右儿子，因此只会走过 $O($ 树高 $)$ 的距离，也就是 $O(\log_2 N)$。

6.5.3　线段树的区间查询

既然有了修改操作，怎么能没有询问操作呢？

如果暴力跑询问区间，时间的开销太大了。于是线段树将询问区间拆成若干个小区间，分别查询这些小区间的答案。而这些小区间都是线段树上的一些结点所表示的区间。图 6-8 是关于询问区间 [2,5] 的演示。

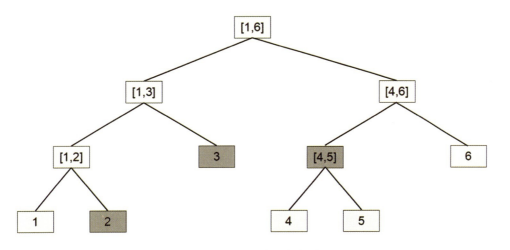

图 6-8 线段树的查询演示

我们可以发现，[2,5] 被拆成了 {2}{3}[4,5] 三个区间。由于取最大值满足可加性，[2,5] 区间的答案可以由这三个区间的答案合并而得。为了方便后面的叙述，我们称这些区间为完全覆盖的最大区间。

非常显然的是，这些完全覆盖的最大区间的子树中叶子结点，恰好和询问区间的每个点重合。

由于例子中的 N 特别小，因此线段树的优越性没有体现出来。而实际上，每次询问时恰好完全覆盖的区间个数是 $O(\log_2 N)$。这些将会在后面证明。

先说说如何找到这些区间。考虑递归，自上而下寻找这些完全覆盖的最大区间。

我们讨论某个区间 [l,r] 和询问区间的关系。

首先，我们只需要考虑它们的交集，因为其他的部分不在区间 [l,r] 的管辖范围内。我们设它们的交集为 [st,en]。设 mid=l+r>>1，于是有以下四种情况：

(1) [l,r] 和 [st,en] 完全重合。这时候，[l,r] 就是一个完全覆盖的最大区间。

(2) [st,en] 只和 [l,mid] 有交集，和 [mid+1,r] 没有交集。

(3) [st,en] 只和 [mid+1,r] 有交集，和 [l,mid] 没有交集。

(4) [st,en] 跨过 [mid,mid+1]，也就相当于和 [l,mid] 或 [mid+1,r] 都有交集，并且两者不重合。

对于情况 (1)，既然 [l,r] 是一个被完全覆盖的最大区间，那么就可以返回当前的答案，直接退出了，因为它的儿子虽然都被询问区间覆盖，但并不是完全覆盖的最大区间，显然使用这个结点的信息比两个儿子的信息合并起来更快。

对于情况 (2)，由于 [st,en] 和 [mid+1,r] 没有交集，因此只需要递归在左儿子中继续找。

对于情况 (3)，同理，只需要递归在右儿子中继续找。

对于情况 (4)，由于两边都有交集，因此两边都需要继续找。

如果仍然不理解，可以参考以下代码。

```
int query(int k,int l,int r,int st,int en){// 询问返回区间最大值
  if (l==st && r==en)// 找到完全覆盖的最大区间
      return mx[k];
  int mid=l+r>>1;
  if (en<=mid) return query(k<<1,l,mid,st,en);
  if (mid<st) return query(k<<1|1,mid+1,r,st,en);
```

```
    return max(query(k<<1,l,mid,st,mid),query(k<<1|1,mid+1,r,mid+1,en));
    // 在往两个儿子中寻找的时候，顺便维护询问区间和[l,r]的交集
}
```

对于一个询问区间 [L,R]，调用 query(1,1,N,L,R) 就可以知道区间中的最大值。注意，必须要满足 $1 \leq L \leq R \leq N$，否则会出现运行时错误。

实际上，不仅仅是完全覆盖的最大区间的个数为 $O(\log_2 N)$，并且询问时经过的区间个数也是 $O(\log_2 N)$。所以，线段树区间查询的时间复杂度为 $O(\log_2 N)$。

至于单点查询，其实就是区间查询的一种特殊情况，当然也可以用更简便的写法（类似单点修改）去实现。

接下来我们来证明一下区间询问的时间复杂度（如果对线段树不太理解，可以先熟练之后再学习如何证明。

假如询问区间为 [L,R]。先考虑最简单的情况：当 L=1 时，在递归的过程中，st 始终等于 1，如果出现 en ≤ mid，就会往左儿子递归。如果出现 mid<en，左边和右边都被递归，到了左边，区间 [st,en] 变成 [st,mid]，也就是 [l,mid]，和这个区间重合，所以左儿子递归了之后就会立即返回，时间复杂度是 O(1)；对于右边，则会继续递归下去。这样，我们可以理解为当前区间往左儿子或右儿子走，只是往右儿子走的时候 O(1) 地加上左儿子的信息。由于树高是 $O(\log_2 n)$ 的，那么经过的结点和完全覆盖的最大区间都是 $O(\log_2 n)$ 的。

R=N 的情况和 L=1 的情况是同理的。现在我们考虑普通的情况。

首先程序会从上到下递归，有时候只走左边，有时候只走右边，直到出现 [st,en] 跨过 [mid,mid+1]。这时候，递归函数就会分裂成两个部分，分别向下递归。对于左边的部分，en 变成了 mid；对于右边的部分，st 变成了 mid+1。这样就变成了 st 或 en 跟左端点或右端点重合的情况，而这不就和之前所说的情况一模一样么？所以两边下去各是 $O(\log_2 N)$，加上前面的过程，时间复杂度还是 $O(\log_2 N)$。

其实线段树区间查询也有另一种写法。

```
int query(int k,int l,int r,int st,int en){
    if (st<=l && r<=en) return mx[k];
    int mid=l+r>>1,res=-INF;//INF 在这里表示无限大（当然这个值是自己定义的）
    if (st<=mid) res=max(res,query(k<<1,l,mid,st,en));// 这个取 max 可以省去
    if (mid<en) res=max(res,query(k<<1|1,mid+1,r,st,en));
    return res;
}
```

它本质上和前面给出的代码是一样的。在真正实现的时候，建议读者使用这种写法，因为这种写法在实现上更为简洁。在后面的程序中，笔者统一采用这种写法。希望大家理解并熟练这种写法。

综合了建树、单点修改、区间查询操作之后，就可以解决例 6 了。

不只是维护最大值，维护区间和、区间乘积、区间异或和都是一样的，只是在 update 操作中把运算符稍作修改就好了。

光是单点修改、区间查询，已经能处理很多需要用线段树的问题了。在有些时候，线段树

需要维护一些更加复杂的信息。请看下面的例题。

例8 偷懒的出题人 (lazy，1s，256MB)

【问题描述】

给你一个初始的数列，然后有两种操作：

输入 1 x y，表示将第 x 个数改为 y。

输入 2 l r，表示询问 $[l,r]$ 这段区间的最大子段和。

【输入格式】

第 1 行，输入正整数 n，表示数列的长度。

第 2 行，输入 n 个数，表示数列的初始值。

第 3 行，输入正整数 T，表示操作的个数。

接下来是 T 行，每行的输入见问题描述。

【输出格式】

对于每个"2 l r"，输出它们对应的答案。

【输入样例】

```
5
-7 6 -2 -5 9
8
2 2 2
1 1 7
1 3 -3
2 1 1
2 5 5
1 3 -10
1 3 -8
2 3 4
```

【输出样例】

```
6
7
9
-5
```

【数据限制】

对于 100% 的数据，$1 \leq n, T \leq 100000$。

保证 $l \leq r$。

保证数列中的数的绝对值不超过 10^8。

【问题分析】

题目要你求区间最大子段和，并且支持单点修改操作。

假设没有修改，而且询问的是 $[1,n]$，想想我们是如何求最大子段和的。

方法似乎比较多样，其中有种 $O(n\log_2 n)$ 的分治做法：假设当前区间是 $[l,r]$，将区间分

成两个部分 [l,mid] 和 [mid+1,r]。那么和最大的子段有三种情况：在左区间，在右区间，或者过 [mid,mid+1]。过 [mid,mid+1] 的答案是很好求的，从中间开始，往左边找到一个位置 x 使得 [x,mid] 的和最大，往右边找到一个位置 y 使得 [mid+1,y] 的和最大，那么 [x,y] 就是过 [mid,mid+1] 的最大子段和。至于左区间和右区间的答案，分别往下递归即可。

虽然说这个方法不如 $O(n)$，但是我们很容易把它转化成区间问题并且支持修改。对于每个区间 [l,r]，维护这些信息：sum，lmax，rmax，ans。sum 表示整个区间的和，lmax 表示左端点为 l 的最大子段和 (右端点在 [l,r] 内)，rmax 类似，ans 表示 [l,r] 中的最大子段和。

设当前点为 x，左儿子为 lc，右儿子为 rc。现在考虑如何求 ans。

如果最大子段和在左区间或右区间内，答案就是 ans[lc] 或 ans[rc]。对于过 [mid,mid+1] 的最大子段和，rmax[lc]+lmax[rc] 就是答案。三者取 max 就可以了。

至于 lmax，要么经过 [mid,mid+1]，要么不经过，那就是 max(lmax[lc],sum[lc]+lmax[rc])。rmax 类似，sum 就更不用说了。

单点修改直接改就行。至于区间询问，将完全覆盖的最大区间的答案合并起来，合并的方法和上面说的是一样的。合并完之后，答案就是 ans。

【参考程序】(局部：update 操作)
题目分析中介绍的第一种做法，相对好懂一些。建议先看懂这个代码再看矩阵乘法的代码。

```
struct Node{//结点信息
    long long sum,maxl,maxr,ans;
} d[N*4];
void update(Node &a,Node b,Node c){
    a.sum=b.sum+c.sum;
    a.maxl=max(b.maxl,b.sum+c.maxl);
    a.maxr=max(c.maxr,c.sum+b.maxr);
    a.ans=max(max(b.ans,c.ans),b.maxr+c.maxl);
}
```

在 6.2 节中找几道树状数组的题目，用线段树将它打出来。(一般树状数组的题目都能用线段树来做)

例 9　树 (tree，1s，256MB)

【问题描述】

你有一个长度为 n 的序列，第 i 个数为 a[i]，下标从 1 开始，有 q 次操作，可能为：

1 l r k，表示对于任意 $1 \leq x \leq r$，使 a[x] 变为 a[x]&k，其中 & 表示按位与。

2 l r，表示询问连续的子序列 [l,r] 中所有元素的和。

3 l r，表示询问：如果在 [l,r] 之间均匀随机生成两个整数 x,y,$(a[x]+a[y])^2$ 的期望值。你只要输出答案与 $(r-l+1)^2$ 的乘积对 998244353 取模的值，可以证明答案一定是整数。

【输入数据】

第 1 行一个整数 n 表示序列长度，接下来一行 n 个整数描述这个序列。

第 3 行一个整数 q 表示操作次数，接下来 q 行每行一次操作，格式同问题描述。

【输出数据】

输出等同于操作 2、3 次数之和的行数，每行一个非负整数表示对应询问的答案。注意操作 2 的答案不需要进行取模。

【输入样例】
```
5
8 4 3 5 6
5
2 3 5
3 1 2
1 2 4 3
2 3 5
3 1 2
```

【输出样例】
```
14
608
10
384
```

【样例 1 解释】

第三次操作后 , 序列变为 [8, 0, 3, 1, 6]。

【数据限制】

对于 100% 的数据 , $n, q \leq 10^5, a[i] \leq 10^9, k \leq 2^{30}, 1 \leq l \leq r \leq n$。

提示：有效的修改 (修改之后值有变化) 次数是有限的。

6.5.4 区间修改和标记

例 10 最大值 (max2，1s，256MB)

【问题描述】

在 $N(1 \leq N \leq 100\,000)$ 个数 $A_1, A_2, \cdots, A_n$ 组成的序列上进行 $M(1 \leq M \leq 100\,000)$ 次操作，操作有两种。

(1) 1 L R C：表示把 A[L] 到 A[R] 增加 C(C 的绝对值不超过 10 000)；

(2) 2 L R：询问 A[L] 到 A[R] 之间的最大值。

【输入格式】

第 1 行输入 $N(1 \leq N \leq 100\,000)$，表示序列的长度，接下来 N 行输入原始序列；接下来一行输入 $M(1 \leq M \leq 100\,000)$ 表示操作的次数；接下来 M 行，每行为 1 L R C 或 2 L R。

【输出格式】

对于每个操作 (2) 输出对应的答案。

【输入样例】
```
5
```

```
1
2
3
4
5
3
2 1 4
1 1 3 3
2 3 5
```

【输出样例】

```
4
6
```

【问题分析】

一开始给你一个序列 $a[1],a[2],\cdots,a[N]$。

接下来有 M 次操作,每次操作包括以下两种类型:

(1) 输入 1 l r x,表示将 $a[l],a[l+1],\cdots,a[r]$ 全部加 c。

(2) 输入 2 l r,表示询问区间 $a[l],a[l+1],..,a[r]$ 中的最大值。

$N \le 100000$, $Q \le 100000$。

仅仅是把单点修改变成了区间修改,怎么做?

类似于区间询问,我们可以寻找完全覆盖的最大区间。假设我们找到了这样的区间 $[l,r]$,当前结点的最大值为 mx[k]。由于 $[l,r]$ 里的所有元素都要进行同样的修改操作(即加 c),那么我们也可以求出修改后的 mx[k]:mx[k]+=c。

如果在这个时候退出修改,当然会导致答案错误。因为后面的询问中,如果找到的完全覆盖的最大区间为 $[l,r]$ 的子区间,因为进行操作 mx[k]+=c 的时候并没有更新结点子树内所有点的贡献,询问时 +c 的贡献也不会被算上。

难道需要让 $[l,r]$ 的所有子树维护的信息都暴力修改一遍吗?如果是这样,又和暴力有什么区别?

现在有一种思想:我们先在结点 $[l,r]$ 上打个标记,只修改它的信息,暂时不修改当前子树的其他结点的信息。做个不太恰当的比喻:如果你现在学习非常忙,每天的任务就是写作业交作业,没有做其他事情的时间。现在老师会时不时布置一些作业,有时候会检查一些作业。最优的方法当然是先将布置的作业囤积着,等到老师说要交的时候做(假如你做作业的时间忽略不计)。类似地,先在结点 $[l,r]$ 上打个标记,只修改它的信息,等到后来递归到了 $[l,r]$,并且要进入它的儿子的时候,再修改它儿子的信息。

这个标记叫作懒标记。用 tag 来表示懒标记,当 tag 不为 0 时,表示除根结点外的子树的信息都要加 tag(其实 tag=0 时也一样)。在修改儿子信息的时候,并不需要暴力地将子树内的信息更新一遍,只需要修改两个儿子的信息。当然,这两个儿子也要打上标记。修改儿子信息之后,这个结点的标记就会清空。这个过程,叫作标记下传。标记下传之后,才能继续递归进入左儿子或右儿子。

举个例子,如果之前在区间 $[1,6]$ 中打过一个 +3 的标记,在标记下传的时候,给左儿子

[1,3] 打个 +3 的标记，将左儿子的信息加 3；右儿子 [4,6] 做同样的操作。在这之后，将这个 +3 标记清空。

很显然，标记下传的时间复杂度是 $O(1)$。

【参考程序】

如果不理解，参照以下代码：

```
int mx[maxN*4],tag[maxN*4];//tag[k] 表示在结点 k 上打的标记
void gettag(int k,int c){
// 这个操作表示区间修改某个结点的信息并且打上标记，实现的时候也可以打入下面的 change 函数中
    mx[k]+=c;
    tag[k]+=c;
}
void change(int k,int l,int r,int st,int en,int c){
    if (st<=l && r<=en){
        gettag(k,c);
        return;
    }
    int mid=l+r>>1;
// 下面是标记的下传
    if (tag[k]){
// 其实这里并不需要判断 tag[k] 是否不为 0，因为如果为 0，下传也没有影响。这里打判断只是方便理解
        gettag(k<<1,tag[k]);// 下传到左儿子
        gettag(k<<1|1,tag[k]);
        tag[k]=0;// 标记清空
    }
    if (st<=mid)  change(k<<1,l,mid,st,en,c);
    if (mid<en)  change(k<<1|1,mid+1,r,st,en,c);
    mx[k]=max(mx[k<<1],mx[k<<1|1]);// 记得要更新当前结点的答案
}
```

很容易发现区间修改的程序框架和区间询问的程序框架是非常类似的。所以在理解的时候可以将两者结合在一起来理解。

注意，在 gettag 操作中，我们用的是 $tag[k]+=c$，而不是 $tag[k]=c$。这是因为结点 k 处本来可能也有标记。假设本来的标记是 $+x$，现在的标记是 $+y$。对于 k 的子树而言，非根结点信息加 x 然后加 y，当然和加 $(x+y)$ 是一样的。所以，直接让 x 变成 $x+y$ 就可以了。写成代码，就是上述的 $tag[k]+=c$。这个过程，叫作标记合并。

由于多了懒标记，在其他操作比如区间询问中，也要在递归过程中标记下传。标记下传在区间询问的实现是一样的，可以直接将标记下传的代码复制过去。

总结一下，在线段树的区间修改操作中，我们先是借用了区间询问一样的思想，找到完全覆盖的最大区间，然后打标记。递归过程中要将标记下传。区间修改的时间复杂度为 $O(\log_2 n)$。区间修改一定要满足以下两点：① 能通过当前结点的信息，得到修改整个区间后的信息；② 标记要能够合并。

如果学好了标记的灵活运用，那么距离学好线段树也就不远了。一般来说，只要学会了线段树的单点修改、区间修改和区间询问，大部分线段树的问题就已经可以解决了。

例11 维护序列 (order，1s，256MB)

【问题描述】

老师交给小可可一个维护数列的任务，现在小可可希望你来帮他完成。

有长为 N 的数列，不妨设为 $a_1, a_2, \cdots, a_N$。有如下三种操作形式：

(1) 把数列中的一段数全部乘一个值；

(2) 把数列中的一段数全部加一个值；

(3) 询问数列中的一段数的和，由于答案可能很大，你只需输出这个数模 P 的值。

【输入格式】

第1行两个整数 $N(1 \leq N \leq 100\,000)$ 和 $P(1 \leq P \leq 1\,000\,000\,000)$。第2行含有 N 个非负整数，从左到右依次为 $a_1, a_2, \cdots, a_N$。第三行有一个整数 $M(1 \leq M \leq 100\,000)$，表示操作总数。从第四行开始每行描述一个操作，输入的操作有以下三种形式。

操作1："1 t g c"（不含双引号）。表示把所有满足 $t \leq i \leq g$ 的 a_i 改为 $a_i*c(1 \leq t \leq g \leq N, 0 \leq c \leq 1\,000\,000\,000)$。

操作2："2 t g c"（不含双引号）。表示把所有满足 $t \leq i \leq g$ 的 a_i 改为 a_i+c $(1 \leq t \leq g \leq N, 0 \leq c \leq 1\,000\,000\,000)$。

操作3："3 t g"（不含双引号）。询问所有满足 $t \leq i \leq g$ 的 a_i 和模 P 的值 $(1 \leq t \leq g \leq N)$。

同一行相邻两数之间用一个空格隔开，每行开头和末尾没有多余空格。

【输出格式】

对每个操作3，按照它在输入中出现的顺序，依次输出一行一个整数表示询问结果。

【输入样例】

```
7 43
1 2 3 4 5 6 7
5
1 2 5 5
3 2 4
2 3 7 9
3 1 3
3 4 7
```

【输出样例】

```
2
35
8
```

【问题分析】

题目大意就是要维护各序列，支持区间询问和、区间乘某个数、区间加某个数。

考虑标记怎么维护。由于要维护区间乘和区间加，因此我们需要用两种标记。设标记 a 表示乘，标记 b 表示加。对于区间内的某个数 x，标记 a 和标记 b 意味着 x 要被修改成 $x*a+b$。

如果我们知道一个区间 $[l,r]$ 的和 sum，那么修改过后的和也是知道的，显然是 $sum*a+(r-l+1)*b$。所以，在修改一个结点时，可以直接通过当前的和推出修改之后的和。这样，就满足了可以用标记区间修改的条件之一。

现在考虑可以用标记区间修改的另一个条件：标记要能够合并。

考虑一个结点原来的标记为 (a,b)，现在要将标记 (c,d) 与其合并。也就是说，对于区间内某个数 x，它进行原来标记的操作后变成 $a*x+b$，再进行 (c,d) 标记操作后变成 $c*(a*x+b)+d$。我们把式子变一下，化成 $(a*c)*x+(b*c+d)$。于是，标记变成了 $(a*c,b*c+d)$。这样就能实现标记的合并了。

【参考程序】(局部)

```
void gettag(int x,int c,int d,int len){
//c,d 表示将区间内的某个数（设为 x）变成 x*c+d, len 为区间长度
    sum[x]=((long long)sum[x]*c+(long long)d*len)%P;
    tag1[x]=(long long)tag1[x]*c%P;
    tag2[x]=((long long)tag2[x]*c+d)%P;
}
```

例 12　平方和 (square，1s，256MB)

【问题描述】

一开始给你一个序列，支持以下两种操作：

Add $l\ r\ c$ 将区间 $[l,r]$ 内每个数都加 c；

Query $l\ r$ 询问区间 $[l,r]$ 内每个数的平方和。

【输入格式】

第 1 行一个正整数 N，表示初始序列长度。

第 2 行 N 个整数 A_i，表示初始序列中的数。

第 3 行一个正整数 M，表示操作数。

接下来 M 行，每行一种操作。

【输出格式】

对于每一个 Query 操作输出答案。(模 998244353)

【输入样例】

```
5
1 2 3 4 5
4
Query 1 3
Query 2 4
Add 4 5 7
Query 1 5
```

【输出样例】

```
14
29
```

【数据限制】

$N \leqslant 100\,000$ $M \leqslant 100\,000$

$0 \leqslant a[i] \leqslant 10^8$ $0 \leqslant c \leqslant 10^8$

6.6 平衡树

6.6.1 二叉查找树的基本思想与应用

二叉查找树是一种重要的数据结构。顾名思义，二叉查找树是在二叉树的基础上，依靠"查找"的思想，结合而形成的一种数据结构。为了能够做到"查找"，二叉查找树必然拥有不同于普通二叉树的性质，其中最重要的一个性质就是"BST 性质"。读者需要注意的是，一切二叉查找树都必须满足"BST 性质"，而不同的二叉查找树可以有不同的性质，例如接下来着重讲解的 Treap 就是满足"堆性质"的一种二叉查找树。而其余的二叉查找树诸如 splay、RBtree、AVL、SBT、替罪羊树等都有各自不同的性质。

1. BST 性质

所谓的"BST 性质"实际上是指对于树中的任意一个结点，都满足：

(1) 该结点的关键字不小于它左子树中任意结点的关键字；

(2) 该结点的关键字不大于它右子树中任意结点的关键字。

满足以上性质的二叉树就可以称为"二叉查找树 (BST)"。在这之中，请读者稍微注意"左子树中任意结点""右子树中任意结点"中的"任意"二字。

如图 6-9 就是一棵完整的 BST，其中 -inf 表示无限小，+inf 表示无限大，10 比 5 大，所以是 5 的右儿子，2 比 5 小，所以是 5 的左儿子，以此类推。

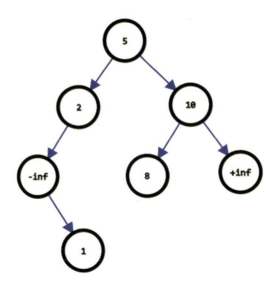

图 6-9 二叉查找树示例

2. 问题的提出

考虑这样一个问题：维护一个数据结构，使其能够完成以下操作：

(1) 插入 x；

(2) 删除 x (若有多个相同的数，只删除一个)；

(3) 查询 x 的排名 (若有多个相同的数，输出最小的排名)；

(4) 查询排名为 x 的数；

(5) 求 x 的前趋 (前趋定义为小于 x，且最大的数)；

(6) 求 x 的后继 (后继定义为大于 x，且最小的数)。

根据前面所提到的二叉查找树，我们不禁有一个很自然的想法，那就是直接建立一棵二叉查找树。对于插入操作，我们需要做的就是把这个数 x 插入到这棵树的某个结点的儿子上，使之可以继续满足 BST 性质。对于删除操作，我们则可以通过比较 x 与当前根结点权值的大小关系从而一步步"逼近" x 所在的结点，并在删除后通过调整使之继续满足 BST 性质。对于前驱后继操作也是类似的。而当查询某个数的排名或排名为某个数的值时，我们则需要维护 BST 中每个结点的子树大小以此方便我们的查询。

通过上面的思路分析可以看到，只要我们维护好一棵二叉查找树，那么所有的操作都可以迎刃而解。下面将详细讲述如何维护好一棵二叉树的 BST 性质。

3. BST 的存储

在正式讲述 BST 之前，我们需要掌握如何存储 BST。因为 BST 是一棵二叉树，所以我们需要记录其左儿子和右儿子。同时，为了解决一些问题，我们还需要记录一棵子树的大小以及其他各种值，这些记录的值需要具体情况具体分析。例如对这道题而言，我们需要记录的值有：

```
struct BST {
  int l, r, v, sz, num;
  // 左儿子, 右儿子, 关键字, 子树大小, 某个值的个数
} tr[N];
```

因为插入的数可能重复，为了统计"真实的"子树大小，需要记录一种数重复的个数。

4. BST 的建立

通常情况下，为了方便处理，我们会在 BST 中插入两个极值点，分别为正无穷点和负无穷点，以方便我们接下来所有操作的处理。

代码如下：

```
int New(int v) {
  tr[++ tot].v = v, tr[tot].num = tr[tot].sz = 1;
  return tot;
}
void Bulid() { //BST 的建立, 插入极值点
  New(- inf), New(inf);
  tr[root = 1].r = 2; // 一开始的 root 默认是 1
  update(root); // 因为连了一个右儿子, 所以要注意 update
}
```

5. BST 的插入

对于 BST 的插入操作，令变量 x 为当前二叉查找树的根结点，其基本思路如下：
(1) 在 BST 中插入一个新的值 val(假设目前不存在关键字为 val 的结点)；
(2) 判断 x 结点关键字与 val 值的关系；
(3) 如果 x 结点为空，则令 x 结点关键字 =val；
(4) 如果 val 小于 x 结点的值则 x= 左儿子的编号，转第 (2) 步；
(5) 如果 val 大于 x 结点的值则 x= 右儿子的编号，转第 (2) 步。
当然，也要注意维护我们的 size 值。
具体代码如下：

```cpp
void ins(int &x, int v) { //插入一个 x 数
    if (x == 0) {
        x = New(v);
        return;
    }
    if (v == tr[x].v) {
        tr[x].num ++, update(x);   //重复插入的时候切记也要 update
        return;
    }
    if (v < tr[x].v) ins(tr[x].l, v); else ins(tr[x].r, v);
    update(x); //更新其祖先的 size
}
```

6. BST 的前驱

懂了插入操作后这个操作就变得异常简单了，这里直接给出代码和详细注释。
代码如下：

```cpp
int pre(int k) { //小于 x 且最大的数
    int pos = 0;
    for (x = root; x ; ) {
        if (tr[x].v < k)
            pos = x, x = rs;  //因为当前 tr[k].v 的值已经是小于 x 了，所以没必要再
                              //往左子树走，我们要找的是最大的
        else
            x = ls;
    }
    return pos;
}
```

7. BST 的后继

这个操作跟前驱是类似的，代码如下：

```cpp
int suf(int k) { //大于 x 且最小的数
```

```
    int pos = 0;
    for (x = root; x ; ) {
        if (tr[x].v > k)
            pos = x, x = ls; // 与 pre 是同理的
        else
            x = rs;
    }
    return pos;
}
```

1) 找到 k 这个数的排名

这时候我们维护的 size 就起作用了，如果不维护，那么这个操作就会比较麻烦，但在维护 size 以后，操作就变得很简单了，我们只需要从根开始一直走，跟找前驱和后继是类似的，具体需要注意的在代码里有注释。

代码如下：

```
int Rankth(int k) { // 找到 k 数的排名
    int sz = 0;
    for (x = root; x ; ) {
        if (tr[x].v == k) return sz + tr[ls].sz + 1; else
        // 要加上 tr[ls].sz，因为不能把左子树的给漏了，而 +1 则是因为题目要求输出最小的排名
        if (tr[x].v > k) x = ls; else
            sz += tr[ls].sz + tr[x].num, x = rs; // 注意加的是 tr[x].num，因为
                                                 // 算的是比它小的数的个数
    }
}
```

2) 找到排名为 k 的数

```
int Findkth(int k) { // 找到排名为 k 的数
    for (x = root; x ; ) {
        if (tr[ls].sz >= k) x = ls; else
        if (tr[ls].sz + tr[x].num >= k) return tr[x].v; else // 注意也是加
                                                              //tr[x].num
            k -= tr[ls].sz + tr[x].num, x = rs; // 同上
    }
}
```

8. BST 的删除操作

BST 的删除可以说是比较麻烦的了，因为在我们找到这个结点并删除以后还要继续保证它的 BST 性质，这里的思路是比较经典的，那就是用它左子树中权值最大的点把它给替换了。

具体代码如下：

```
void del(int x,int fa,int fx,int v){
    if(tr[x].v==v){
```

```
            int k=x;
            tr[x].num --;
            if(tr[x].num==0){ // 只有当被删的一个都不剩之后才用左子树中权值最大的点替换它
                    if(!ls){ // 如果没有左子树，则直接用右子树的根替换即可
                            if(fa){ // 修改它父亲的儿子
                                    if(fx==0)tr[fa].l=rs; else tr[fa].r=rs;
                                    update(rs); // 记得更新
                            } else
                                    root=rs;// 如果没有父亲则证明当前 x 结点就是根，所以根被删
                                            //除以后要记得改变根
                    } else {
                            for(L=0,y=x,x=ls; rs ; y=x,d[++ L]=y,x=rs);
                            // 先 x=ls 是往左子树走一步，然后一直往右子树走，沿途记录一下走的点
                            if(fa){
                                    if(fx==0)tr[fa].l=x; else tr[fa].r=x;
                            } else
                                    root=x; // 同理
                            if(x){
                                    if(y !=k)
                                            tr[y].r=ls,tr[x].l=tr[k].l; // 这里处理的是往左
                                                    // 子树走了一步以后就不能往右走了，此时 y=k，需要特殊判断
                                    d[++ L]=ls;
                                    tr[x].r=tr[k].r;
                            }
                            G(i, L, 1) update(d[i]);
                    }
            }
            update(x);
            return;
    }
    if (v < tr[x].v) del(ls, x, 0, v); else del(rs, x, 1, v);
    update(x); // 同样要记得 update
}
```

6.6.2 Treap 的基本思想与应用

　　Treap 是英文 Tree 和 Heap 的合成词。顾名思义，可以知道 Treap 就是在普通的二叉查找树上再加上 heap(堆) 的性质。

　　通过 6.6.1 节的探索我们发现，如果每次插入或查找的权值不是随机的，或者说是数据特意构造，那么 BST 的时间复杂度就会变得不够优秀。可以发现，问题的关键在于数据不是随机，所以，一种最普通的思路就是"让 Treap 的树形态尽量随机"。根据这个思路，Treap 给每个结点再配上一个额外的"随机值"，以此保证，在维持结点的关键字满足 BST 性质的前提下，还同时维护好随机值的堆性质，即某个结点的随机值要小于其左儿子和右儿子的随机值。而幸运的是，

可以证明，在同时保证了 BST 性质和 Heap 性质后的 Treap 的树高是期望 $O(\log n)$。

那如何在保证 BST 性质的前提下还能满足堆性质呢？回忆我们之前的做法，我们删除的时候是找到其左子树中权值最大的点来替代它，而插入的时候是直接找到对应位置进行插入，这种插入和删除的方式都是比较直接的强行维护，但事实上，在大部分的平衡树中，我们都用一种更为巧妙的方式来进行维护，那就是——旋转。

1. 旋转操作

在 Treap 中，只有一种最基本的旋转操作，那就是"单旋"。单旋又可以分为左旋和右旋，如图 6-10 所示，如果右旋 zig(y)，就会变成图 6-11，如果在图 6-11 中左旋 zag(x)，就会变成图 6-10。

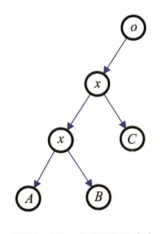

图 6-10　旋转操作 (1)

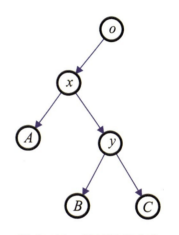

图 6-11　旋转操作 (2)

在这里，细心的读者可以发现，事实上不论是左旋还是右旋，其本质只是为了把一个点旋到它父亲，并通过一系列的调整使得重新满足 BST 性质，如图 6-10 是把结点 x 旋转到父亲，而图 6-11 是把结点 y 旋转到父亲。

以图 6-10 为例，初始情况下，x 是 y 的左儿子结点，而 A、B 分别是 x 的左子树和右子树。此时为了把 x 结点旋转到父亲，我们会把 x 变成 y 的父亲结点，而当 x 变成 y 父亲结点以后，y 的左子树就空了出来，而 x 结点的右子树又没处安放，所以自然可以想到把 x 的右子树接到 y 的左子树上去。于是整个旋转的过程就"大功告成"了。

具体代码如下：

（另外请读者注意，在具体实现中，笔者加入了一些自己平常写平衡树的经验以及习惯，代码里通过详细注释来让读者充分理解，希望读者细细品味）

```
//tr[x][0/1]分别表示x的左儿子和右儿子，fa[x] 表示x的父亲
int son(int x) { return tr[fa[x]][1] == x; } // 判断x是父亲的左子树还是右子树
void rotate(int x) {
    int y = fa[x], t = son(x); // 判断x是y的左子树还是右子树
    if (fa[y]) tr[fa[y]][son(y)] = x; else root = x; // 先判断y的父亲是否为空，如
    // 果不为空要记得修改
    if (tr[x][1 - t]) fa[tr[x][1 - t]] = y; // 修改x右子树的父亲
    tr[y][t] = tr[x][1 - t], tr[x][1 - t] = y;
```

```
    fa[x] = fa[y], fa[y] = x; //这两行与上面的思路是一样的,不要漏掉任何一个需要修改的,
    //既需要修改一个点的左儿子、右儿子,又需要修改它的父亲
    update(y), update(x);
}
```

2. 插入操作

Treap 的插入操作与 BST 是完全类似的,只不过为了维护堆性质,我们需要拿插入的结点与其父亲结点进行比较,如果不符合就把插入结点"旋转"一下,一直这样自底向上地比较,直到维护好整棵树的 Heap 性质。

聪明的读者一定发现了之所以这样做的原因就是"旋转"并不影响一棵树的 BST 性质,但可以改变其 Heap 性质。事实上,在其他的二叉树中也大部分运用了此想法。

```
void ins(int &x, int la, int v) { //插入一个v数
    if (!x) { fa[x = New(v)] = la, update(x); return; }
    if (Trp[x].v == v) { Trp[x].num ++, update(x); return; }
    int &tmp = v < Trp[x].v ? ls : rs; //请注意这个 & 标记
    ins(tmp, x, v);
    if (Trp[tmp].tag < Trp[x].tag) rotate(tmp); //如果不符合就要 rotate
    update(x); //更新 size
}
```

3. 删除操作

Treap 的删除操作看似比较麻烦,因为删除一个结点后既要维护 BST 性质,又要维护 Heap 性质,所以一种很自然的想法就是尽量少维护一点性质。联系到前面所说的 Treap 期望树高是对数级别的,所以我们可以直接把删除的结点一直旋转到叶子结点后直接删除掉,同时为了保证 Heap 性质,把当前结点向下旋时,应该由其两个儿子中 Heap 值更小的那个儿子旋上来顶替它的位置。

在具体实现中,需要注意程序实现时候的一些细节,如果用了 & 标记则更需要仔细分辨清楚变量之间的关系。

代码如下:

```
void del(int &x, int v) {
    if (!x) return;
    if (Trp[x].v == v) { //找到了要删除的那个数
        Trp[x].num --, update(x);
        if (Trp[x].num > 0) return; //当有重复的时候不用旋转到儿子去
        if (ls || rs) {
            //这里必须仔细注意,如果 rotate 了 ls 或者 rs 之后,那么 x 的值就变成了对应
            //的 ls 或者 rs 了,这是因为有一个 & 标记在其父亲上
            if (ls && (!rs || Trp[ls].tag <= Trp[rs].tag))
                rotate(ls), del(rs, v);
            else
                rotate(rs), del(ls, v);
```

```
                update(x);  // 一定要记得 update，不然一切都是徒劳无功的
            } else x = 0;
            return;
        }
        v < Trp[x].v ? del(ls, v) : del(rs, v);
        update(x);
    }
```

第 7 章 数学基础

　　信息学和数学是不分家的，两者是互相补充，互相利用的关系。对于信息学来说，数学上面的一些知识往往能够帮助我们完成：解决问题，优化时间之类的任务。而这些数学知识不单只是一些计算公式，还更是一些计算方法、一些数学策略、一些拓展内容。数学能在信息学中运用的范围非常广泛，不单只是运用在纯粹数学题目之中，还可以运用在图论、数据结构、动态规划等知识之中，更重要的是培养的数学思维往往是能解决更多难题的重要钥匙。因此，在本章将会介绍一些较为基础的数论知识，以帮助读者们更好地学习。本章大致会讲述最大公约数、欧几里得算法拓展、同余方程、逆元、容斥原理等基础内容。

7.1 GCD 与拓展 GCD

7.1.1 最大公约数 GCD 的求法

在数学上，最大公因数是一个非常广泛运用的知识。

它的定义是：两个整数或多个整数它们共有的约数/因数中最大的约数/因数，一般用 (a,b) 或 (a,b,c) 来表示。这个最大公因数就是我们所说的 GCD。

我们在计算机上求这个最大公约数，一般有以下几种方法：枚举法、分解质因数法、更相减损法、辗转相除法。

1. 枚举法

枚举法是一种非常直观、简单实现的方法。

设我们要求 $a_1,a_2,\cdots,a_n$ 这些数的最大公约数。

由于我们要求的 $(a_1,a_2,\cdots,a_n)$ 必定是一个整数，那么我们考虑从这个性质下手。

其主要过程就是从小到大来枚举每一种整数，然后来判断它是不是我们要求的几个整数的共同因数。这样一直枚举下去，总会找到最大的 GCD。

时间复杂度是：$O(\min(a_1,a_2,\cdots,a_n)*n)$

很显然，其不足是如果我们要求的 a 比较大的时候，时间复杂度就会比较大。就算是从大到小枚举，时间还是十分不稳定。所以我们要找更优秀的做法。

2. 分解质因数法

分解质因数法也是比较直观的。

我们发现，要求的 $(a_1,a_2,\cdots,a_n)$ 一定是在分解 $a_1,a_2,\cdots,a_n$ 这些数的质因数后，其中所有的相同的质因数相乘得到。

举个例子：比如当 $n=2,a_1=4,a_2=6$ 时，a_1 分解后是 2×2，a_2 分解后是 2×3，它们相同的质因数是 2，所以最后答案即为 2。于是，我们可以把所有的 a_i 都分解质因数。分解完之后的 a_i 可以表示成如下形式：$p_{i1}\textasciicircum q_{i1}*p_{i2}\textasciicircum q_{i2}*p_{i3}\textasciicircum q_{i3}*\cdots\cdots*p_{ik}\textasciicircum q_{ik}$。一个质因数 p 对答案的贡献是 $p\textasciicircum\min(q)$（$\min(q)$ 表示所有 a_i 的质因数 p 对应的指数 q 的最小值）。

时间复杂度：$O(m+n\log_2 m)$（其中 m 是 a 的最大值）

我们知道这样分解质因数时间复杂度大概是 log 级别的。当然，也有比较高效的方法，就是在分解质因数时利用 Pollard Rho 快速因数分解法，可以做到 $O(n\textasciicircum(1/4))$ 的时间。由于篇幅问题，不在这里展开，有兴趣的话可以去查查相关资料。

3. 更相减损法

更相减损法是出自《九章算术》的一种解法。它的做法比较简单，但是理解起来比较困难。而且这个是以求两个数的最大公约数为主，如果求最大公约数的数大于 2 的情况可以两个求完后拿着答案再与下一个求。这个可以表示成一个公式：GCD(x,y)=GCD($x,y-x$)。

大致流程分两步。

第一步：如果两个数可以约掉 2，那就约去 2，答案更新一下。

第二步：如果不行，那就用大的数减去小的数，一直这样减下去，减到如果可以做第一步或两个数相等。

这样做为什么是对的呢？可以稍微证明一下。

设 (x,y)=d，那么设 $x=x_1*d, y=y_1*d$。易证：x_1 与 y_1 互质。

分类讨论：

(1) 若 $x=y$，那么 (x,y)=x=($x,0$)=($x,y-x$)。

(2) 若 $x<y$($x>y$ 的情况同理)，设 $z=(y-x)=(y_1-x_1)*d$，$z_1=y_1-x_1$。

由于我们要证明 (x,y)=(x,z)=d，就意味着要证明 x_1 与 z_1 互质。

考虑反证法。

假设 x_1 与 z_1 不互质，那么就存在：$x_1=p_1*m, z_1=p_2*m$，其中 $m>1$。

所以，容易列得式子：$y_1-x_1=y_1-p_1*m=p_2*m$，得到：$y_1=(p_1+p_2)*m$。

由于 y_1 与 x_1 互质，那么 m 必定为 1。但是这又与之前的假设矛盾。

所以得证。

```
int gcd(int x,int y)
{
    if (x==y) return x;
    if (x>y) swap(x,y);
    if (x%2==0 && y%2==0) return 2*gcd(x/2,y/2);
    return gcd(x,y-x);
}
```

时间复杂度：$O(n\log_2 m)$。至于为什么，由于在每次第二步操作之后，都可以除以 2，因此时间是对数级别的。但是这种做法一般用得少，因为它的常数比较大。但是在处理高精度时由于只需要用到减和除以 2，所以这时好处显著。

4. 辗转相除法

辗转相除法最早出现于欧几里得的《几何原本》，所以这种做法又称欧几里得算法。欧几里得算法其实可以看作是更相减损法的升级版，它的计算公式由原来的 GCD(x,y)=GCD($x,y-x$) 优化到了 GCD(x,y)=GCD($x,y\%x$)(其中 % 表示取模操作，意思就是一个数除以另一个数的余数)。

当然，这个公式还可以写成一个比较简单的形式：GCD(x,y)=GCD($y,x\%y$)，本质上是一样的。

大致流程：

其实直接利用上述公式，递归求解。如果某个数做到 0 时，就可以返回另一个数。

举个例子，(36,99) 就是：

99%36=27，递归 (27,36)。

36%27=9，递归 (9,27)。

27%9=0，这时，递归 (0,9)。这时答案即为 9。

证明：

对于一个 (x,y)，x 可以表示为 $x=y*k+z$，那么 $z=y\%x$。

设 $(x,y)=d$，那么 $x\,|\,d$，$y|d$（其中 $a\,|\,b$ 表示 a 可以整除 b）。

由于 $x=y*k+z$，那么 $z=x-y*k$。这时我们发现，如果两式同时除以 d，变为 $z/d=(x-y*k)/d=x/d-(y/d)*k$。

由于 $x\,|\,d$，$y\,|\,d$，那么 z 也是可以被 d 整除的。

这意味着 $(x,z)=d=(x,y\%x)$。

```
int gcd(int x,int y)
{
    if (x>y) swap(x,y);
    if (x==0) return y;
    return gcd(x,y%x);
}
```

时间复杂度：$O(n\log_2 m)$。至于为什么也很显然，由于每次操作都是取模操作，那么时间级别就是 log 的，不得不说，这个常数特别小。

以上，就是我们介绍的 4 种常用的求 GCD 的方法。

例1（NOIP2017 初赛）阅读程序，写出程序运行的结果。

```
#include<iostream>
using namespacestd;
int main()
{
    int n, m;
    cin >> n >> m;
    int x = 1;
    int y = 1;
    int dx = 1;
    int dy = 1;
    Int cnt = 0;
    while (cnt != 2)
    {
        cnt = 0;
        x = x + dx;
        y = y + dy;
        if (x == 1 || x == n)
        {
            ++cnt;
            dx = -dx;
        }
        if (y == 1 || y == m)
        {
            ++cnt;
```

```
            dy = -dy;
        }
    }
    cout << x << " " << y<< endl;
    return 0;
}
```

【问题分析】

这题其实可以看作两个球,一个装在有 n 个格子的盒子中,另一个装在有 m 个格子的盒子中。两个球从单位时间 0 开始运动,每个单位时间可以向左边运动。如果碰到墙壁则向原来相反的方向前行。现在问两个球开始运动后第一次同时碰到墙壁时两个球的位置分别是什么。

我们发现,第一个球从开始起计算,碰到一次墙壁的时间是 $n-1$,另一个球同理,时间是 $m-1$。那么这就相当于是周期问题了。容易得到最后停止的时间即为 LCM($n-1,m-1$)(LCM 表示两者的最小公倍数)。

由于 LCM(a,b)=$a*b$/GCD(a,b),因此我们可以快速求出 GCD 的值后得到停止时间。再算出两个球的最终位置即可。

例 2　Longge 的问题 (Longge,1s,256MB)

【问题描述】

给定一个整数 N,你需要求出 $\Sigma \gcd(i,N)(1 \leq i \leq N)$。(其中 Σ 表示求和符号,表示求出当 i 满足 $1 \leq i \leq N$ 时所有答案的和)

【输入格式】

第 1 行包含一个整数 N,如题所示。($N \leq 2^{32}$)

【输出格式】

第 1 行包含一个整数,为所求的答案。

【输入样例】

6

【输出样例】

15

例 3　GCD 与 LCM(gcdlcm,1s,256MB)

【问题描述】

给出某两个整数 a 和 $b(a \leq b)$ 的最大公约数 GCD 和最小公倍数 LCM,请找出满足的 a 和 b,使得 $b-a$ 的值最小。($1 \leq a \leq b \leq 10^9$)

【输入格式】

输入数据只有一行,包括两个整数 GCD 和 LCM。输入保证至少存在一组解。

【输出格式】

输出包含一个整数,为最小的 $b-a$ 的值。

【输入样例】

6

【输出样例】

36

例 4　gcd 题目 (gcdproblem，1s，256MB)

【问题描述】

定义一个函数 $F(a,b)$ 表示利用辗转相除法求 (a,b) 的次数。

举个例子就是：

(132,456)--->0

(81,132)--->1

(51,81)--->2

(30,51)--->3

(21,30)--->4

(9,21)--->5

(3,9)--->6

(0,3)--->7

所以 $F(132,456)=7$。

现在给定 $k(k\leq 10^{15})$ 满足 $F(a,b)=k$，求 (a,b) 使得 $a+b$ 最小。由于 (a,b) 可能比较大，因此模 1000000007 后输出即可。

【输入格式】

一行一个整数表示题目中的 k。

【输出格式】

输出两个整数，表示 a、b。

【输入样例】

2

【输出样例】

2 3

GCD 算法能够用的地方非常多，不单只是求出最大公因数，更重要的是它的思路方式。其中用处最多的就数欧几里得，由它拓展延伸出的算法非常多，下面就讲讲其中一种用处比较大的拓展。

7.1.2　扩展欧几里得算法的基本思想与应用

拓展欧几里得算法顾名思义就是欧几里得算法（辗转相除法）的拓展。这个拓展算法不仅仅可以计算两个数的 GCD，还可以顺便解决一个形式类似于 $ax+by=\gcd(a,b)$ 这样的一元二次方程。大致的思路就是在随着辗转相除法的递归过程，一边递归，一边求解答案，而这个过程求出来的解是所有解中的一个解，其他的解可以通过推算求得。

方法：

(1) 当 $b=0$ 时，$(a,b)=a$，$ax+by=a$ 的一个解显然就是 $x=1$，$y=0$。

(2) 当 $a>b>0$ 时，我们现在列两个方程：

$$a*x_1+b*y_1=(a,b)$$
$$b*x_2+(a\%b)*y_2=(b,a\%b)$$

由于 $(a,b)=(b,a\%b)$，得到：

$$a*x_1+b*y_1=b*x_2+(a\%b)*y_2$$

中间的取模操作可以拆开来：

$a*x_1+b*y_1=b*x_2+(a-[a/b]*b)*y_2=b*x_2+a*y_2-[a/b]*b*y_2$（其中 $[a]$ 表示小于 a 的最大整数）

然后这个化简一下可以变成：

$$a*x_1+b*y_1=a*y_2+b*(x_2-[a/b]*y_2)$$

根据恒等定理可得：

$$x_1=y_2, y_1=(x_2-[a/b]*y_2)$$

那么这就意味着可以递归下去，求解得到 x_2 和 y_2 之后，快速得到 x_1 和 y_1。

当然，这样求出来的只是一个解，下面介绍其他解如何在这个解基础上推得。

假设一开始求出来的解是 x_0、y_0，那么其他解其实都可以表示成 $x_0+k*b/(a,b), y_0-k*a/(a,b)$（其中 k 是任意整数）。至于这样做为什么是对的，我们可以发现每次 x 的增加和 y 的减少刚好是一样的，加起来的答案不变。

```
int exgcd(int a,int b)
{
    if (b==0)
    {
        x=1;y=0;return a;
    }
    else
    {
        int g=exgcd(b,a%b);
        int z=x;
        x=y;
        y=z-(a/b)*y;
        return g;
    }
}
```

例5　二元一次不定方程 (exgcd，1s，256MB)

【问题描述】

给定不定方程：$ax+by=c$。

若方程无整数解，则输出 -1。

若方程有整数解，且有正整数解，则输出其正整数解的数量、所有正整数解中 x 的最小值、

所有正整数解中 y 的最小值、所有正整数解中 x 的最大值，以及所有正整数解中 y 的最大值。

若方程有整数解，但没有正整数解，你需要输出所有整数解中 x 的最小正整数值、y 的最小正整数值。

正整数解即为 x、y 均为正整数的解，0 不是正整数。

整数解即为 x、y 均为整数的解。

x 的最小正整数值即所有 x 为正整数的整数解中 x 的最小值，y 同理。

【输入格式】

第 1 行一个整数 $T(T \le 2 \times 10^5)$，表示一共有 T 组测试数据。

接下来 T 行，三个由空格隔开的正整数 a、b、$c(1 \le a,b,c \le 10^9)$。

【输出格式】

一共 T 行。

若该行对应的询问无整数解，一个数字 -1。

若该行对应的询问有整数解但无正整数解，包含 2 个由空格隔开的数字，依次代表整数解中，x 的最小正整数值；y 的最小正整数值。

否则包含 5 个由空格隔开的数字，依次代表：正整数解的数量；正整数解中，x 的最小值、y 的最小值、x 的最大值、y 的最大值。

【输入样例】

```
7
2 11 100
3 18 6
192 608 17
19 2 60817
11 45 14
19 19 810
98 76 5432
```

【输出样例】

```
4 6 2 39 8
2 1
-1
1600 1 18 3199 30399
34 3
-1
2 12 7 50 56
```

【问题分析】

看到这题可以稍微提取一下中心任务。我们发现：除了求解一个二元一次不定方程，我们还要对解进行是否正整数的判断。

我们发现，这个二元一次方程式子非常类似于拓展欧几里得，因此我们可以考虑在原来做法上进行一些改进。

首先我们做判断是否有整数解的这个任务。看到原来式子：$x_0*a+y_0*b=(a,b)$，其中

x_0, y_0 都是整数。那么设 $t=c/(a,b)$。我们要使得两边式子成立,所以两边都要乘以 t。式子变成 $(t*x_0)*a+(t*y_0)*b=c$。由于最后的解要为整数,因此 t 要为整数。因此得到的结论是:当 $c\%(a,b) \neq 0$ 时,无解;否则有解。

其次,我们考虑到如何做正整数这个任务。当然,我们可以利用上面讲到的关于如何求多个解的方法去做。也就是这条式子:$x_0+k*b/(a,b), y_0-k*a/(a,b)$。所以我们可以利用这条式子每次直接求出最小值和最大值。

时间复杂度:$O(T*\log_2 n)$

```cpp
#include<cmath>
#include<cstdio>
#include<iostream>
#define ll long long
using namespace std;
int T;
long long a,b,c,x,y,t,d,g;
long long maxx,maxy,minx,miny;

int exgcd(int a,int b)
{
    if (b==0)
    {
        x=1;y=0;return a;
    }
    else
    {
        int g=exgcd(b,a%b);
        int z=x;
        x=y;
        y=z-(a/b)*y;
        return g;
    }
}

int main()
{
    int T;
    scanf("%d",&T);
    while(T--)
    {
        scanf("%lld%lld%lld",&a,&b,&c);
        x=0;y=0;
        long long d=exgcd(a,b);// 拓展欧几里得
        if (c%d!=0)
```

```c
            {
                printf("-1\n");// 无整数解的情况
            }
            else
            {
                int t=c/d;
                x=x*t;
                y=y*t;
                if (x<=0)// 调整 x 和 y 使得它们的解尽可能接近正整数
                {
                    g=abs(x)/(b/d)+1;x=x%(b/d)+b/d;
                    y=y-g*(a/d);
                }
                else
                {
                    g=abs(y)/(a/d)+1;y=y%(a/d)+a/d;
                    x=x-g*(b/d);
                }
                if (y<=0)// 无正整数解的情况
                {
                    minx=x;miny=y%(a/d)+a/d;
                    printf("%lld %lld\n",minx,miny);
                }
                else
                if (x<=0)
                {
                    minx=x%(b/d)+b/d;miny=y;
                    printf("%lld %lld\n",minx,miny);
                }
                else
                {// 有正整数解的情况
                    g=x/(b/d);
                    x=x%(b/d);
                    if (x==0)
                    {
                        x=x+(b/d);
                        g=g-1;
                    }
                    y=y+g*(a/d);
                    minx=x;maxy=y;// 调整到 x 最小的时候，是 y 最大的时候
                    g=y/(a/d);
                    y=y%(a/d);
                    if (y==0)
                    {
```

```
                y=y+(a/d);
                g=g-1;
            }
            x=x+g*(b/d);
            maxx=x;miny=y;// 调整到 y 最小的时候，是 x 最大的时候
            printf("%lld %lld %lld %lld %lld\n",(maxx-minx)/(b/
                d)+1,minx,miny,maxx,maxy);
        }
    }
}
```

例 6　鱼跃龙门 (c, 0.5s, 256MB)

【问题描述】

给出 n，求最小的 $x(x>0)$，使得 $(x*(x+1)/2)|n$ 为真。

【输入格式】

数据的第 1 行是一个 $T(T \leq 100)$，表示有 T 组数据。

接下来 T 行，每行一个整数 $n(n \leq 10^{12})$，表示一共有 n 座龙门。

【输出格式】

一共 T 行，每行一个整数 x，表示答案。

【输入样例】

5
2
4
6
8
10

【输出样例】

3
7
3
15
4

拓展欧几里得的思想也是非常巧妙，灵活地运用欧几里得算法的思路，实现一举多得。当然，不要以为拓展到这里就不能拓展了，它还可以去做很多东西。举个例子吧，著名的中国剩余定理和拓展中国剩余定理都是需要用到拓展欧几里得算法的，而且这种递推求解的思路还衍生出了一系列算法，叫作类欧几里得算法。总的来说，这类算法是特别基本的，还是需要掌握并做题巩固。

7.2 同余定理

7.2.1 同余定理概述

同余定理是数论中的重要概念。

定义：设 m 是正整数，a、b 是整数，如果 $m|(a-b)$，则称 a 与 b 关于模 m 同余，记作 $a \equiv b(\bmod\ m)$。

显然有如下事实：

若 $a \equiv 0(\bmod\ m)$，则 $m|a$；

$a \equiv b(\bmod\ m)$ 等价于 a 与 b 分别用 m 去除，余数相同。

证明如下。

充分性：

若 a 和 b 用 m 相除留下相同的余数 r，则 $a=q_1m+r, b=q_2m+r$，q_1 和 q_2 为某两个整数，由此得 $a-b=(q_1m+r)-(q_2m-r)=m(q_1-q_2)$，根据整除定义，我们有 $m|(a-b)$，由同余式定义得出结论：$a \equiv b(\bmod\ m)$。

必要性：

若 a 和 b 用 m 相除留下相同的余数 r，则 $a=q_1m+r, b=q_2m+r$，所以 $a-b=m(q_1-q_2)$，故 $m|(a-b)$。

1. 同余性质

反身性：$a \equiv a\ (\bmod\ m)$

对称性：若 $a \equiv b(\bmod\ m)$，则 $b \equiv a(\bmod\ m)$

传递性：若 $a \equiv b(\bmod\ m)$，$b \equiv c(\bmod\ m)$，则 $a \equiv c(\bmod\ m)$

同余式相加：若 $a \equiv b(\bmod\ m)$，$c \equiv d(\bmod\ m)$，则 $a+c \equiv b+d(\bmod\ m)$，$a-c \equiv b-d(\bmod\ m)$

同余式相乘：若 $a \equiv b(\bmod\ m)$，$c \equiv d(\bmod\ m)$，则 $ac \equiv bd(\bmod\ m)$

线性运算：如果 $a \equiv b(\bmod\ m)$，$c \equiv d(\bmod\ m)$，那么 $a+c \equiv b+d(\bmod\ m)$，$a-c \equiv b-d(\bmod\ m)$ 且 $a*c \equiv b*d(\bmod\ m)$

证明：

(1) $\because a \equiv b(\bmod\ m)$

$\therefore m|(a-b)$

同理 $m|(c-d)$

$\therefore m|[(a-b)+(c-d)]$

$\therefore m|[(a+c)-(b+d)]$

$\therefore a+c \equiv b+d\ (\bmod\ m)$

同理可得 $a-c \equiv b-d\ (\bmod\ m)$

(2) ∵ $ac-bd=ac-bc+bc-bd=c(a-b)+b(c-d)$

又 $m|(a-b)$，$m|(c-d)$

∴ $m|(ac-bd)$

∴ $a*c \equiv b*d \pmod{m}$

除法：若 $ac \equiv bc \pmod{m}$ $c \neq 0$ 则 $a \equiv b \pmod{m/\gcd(c,m)}$，其中 $\gcd(c,m)$ 表示 c、m 的最大公约数。特殊的，$\gcd(c,m)=1$，则 $a \equiv b \pmod{m}$。

证明：

对于除法来说相对复杂一点。

虽然 $2 \equiv 8 \pmod 6$，但是 $2/2 = 1 \;!\equiv 4 = 8/2 \pmod 6$。

当 $a*c \equiv b*c \pmod{m}$ 时，$(a-b)*c$ 能被 m 整除。

我们假设 $d = \gcd(c,m)$，那么 $(a-b)*(c/d)$ 就能被 m/d 整除。

又因为 c/d 和 m/d 互为素数，所以 $a-b$ 能被 m/d 整除。

所以可以得到除法模运算的公式：

$a \equiv b \pmod{m/\gcd(c,m)}$

幂运算：如果 $a \equiv b \pmod{m}$，那么 $a^n \equiv b^n \pmod{m}$

若 $a \equiv b \pmod{m}$，$n|m$，则 $a \equiv b \pmod{n}$

若 $a \equiv b \pmod{m_i}$ $(i=1,2,\cdots,n)$ 则 $a \equiv b \pmod{[m_1,m_2,\cdots,m_n]}$，其中 $[m_1,m_2,\cdots,m_n]$ 表示 $m_1,m_2,\cdots,m_n$ 的最小公倍数。

2. 同余定理的应用

(1) $(a + b) \% m = (a \% m + b \% m) \% m$

(2) $(a * b) \% m = ((a \% m) * (b \% m)) \% m$

3. 大整数取模

应用公式可做到边运算边取余。

公式如下。

例如：1234%10

首先整数都可化成如此形式，如 1234 化成 $((1 \times 10+2) \times 10+3) \times 10+4$

进行求余：$(((1 \times 10+2) \times 10+3) \times 10+4)\%10$

此时用到两个公式：$(a+b)\%c=(a\%c+b\%c)\%c$，$(a \times b)\%c=(a\%c \times b\%c)\%c$

计算过程比较麻烦，多次正反运用公式最终能得到

$1234\%10=(((1\%10 \times 10+2)\%10 \times 10+3)\%10 \times 10+4)\%10$

代码就很容易想到了。

4. 同余定理与快速幂：神奇的二进制应用

例如：3 的 11 次方取余 7：指数 11 的二进制表示为 1011，因此 11 可以转化为 $2^3+2^1+2^0$，因此 3 的 11 次方可以表示为 $3^{2^0} \times 3^{2^1} \times 3^{2^3}$。

如此可考虑一位一位计算，按顺序从低位到高位判断二进制各位，若该位为 1，则乘上该位

对应的 2 的多少次方；若为 0，则跳过。

该算法的复杂度要比一个一个乘要优。

参考伪代码：

```
int ksm(int x,int y){
int k=1,z=x%mo;
    for(;y;y>>=1,z=z*z%mo)
        if (y&1) k=k*z%mo;
    return k;
}
```

5. 同余定理的相关定理

1) 欧拉定理

欧拉定理表明，若 m、a 为正整数，且 m、a 互质，则 $a^{\varphi(m)} \equiv 1(\bmod m)$，其中 $\varphi(m)$ 是 $1 \sim m$ 的整数中，与 m 互质（即 2 个数的最大公约数为 1) 的数的个数，如果 m 为素数，则 $\varphi(m) = m-1$。

其中 $\varphi(m)$ 的计算方法如下：

设 $m = p_1^{k_1} * p_2^{k_2} * \ldots * p_r^{k_r}$，$p_i$ 是 m 的一个质因数，k_i 是对应的指数。

则 $\varphi(m) = m\left(1-\dfrac{1}{p_1}\right)\left(1-\dfrac{1}{p_2}\right)\cdots\left(1-\dfrac{1}{p_r}\right)$。

2) 费马小定理

当 m 为质数且 a 不是 m 的倍数时，$a^{m-1} \equiv 1(\bmod m)$。

可以看出费马小定理是欧拉定理的特殊情况。指数特别大的时候，可以用这 2 个定理给指数取模，欧拉定理和费马小定理还可以运用于求逆元。

证明如下。

考虑把 1 到 m 内与 m 互质的数列出来：

$$x_1, x_2, \cdots, x_{\varphi(m)}$$

令 $p_1 = ax_1, p_2 = ax_2, p_3 = ax_3 \ldots\ldots p_{\varphi(m)} = ax_{\varphi(m)}$

引理 1：x 之间两两模 m 不同余，所以 p 之间两两模 m 不同余。

反证法：

如果 $p_i - p_j \equiv 0(\bmod m)(i \neq j)$，那么 $a(x_i - x_j) = km$，a 与 m 互质，因此 $x_i - x_j$ 是 m 的倍数，但它不等于 0，又小于 m，所以矛盾。

引理 2：每个 p 模 m 的结果都与 m 互质。

依然采用反证法，若 $ax_i = km + r$，$\gcd(r, m) > 1$，$ax_i - km = r$，因为 $\gcd(a, m) = 1$，先解 $ax_i - km = 1$，因此最后解出的 x_i 还要乘 r，然而 x 与 m 互质，矛盾。

根据上面两个引理，我们可以得出所有 p 模 m 的集合与 x 的集合是完全相同的（一个 p 一定能找到唯一一个 x 和它模 m 同余）。

全部乘起来，有

$$a^{\varphi(m)} \prod x_i = \prod x_i (\bmod m)$$

所以 $a^{\varphi(m)} \equiv 1(\bmod m)$。

7.2.2 线性同余方程的求解

什么是线性同余方程？

数论中，线性同余方程是最基本的同余方程，"线性"表示方程的未知数次数是一次。

形如 $ax \equiv b \pmod{n}$ 的方程，就是线性同余方程。此方程有解当且仅当 b 能够被 a 与 n 的最大公约数整除（记作 $\gcd(a,n) \mid b$）。这时，如果 x_0 是方程的一个解，那么所有的解可以表示为：

$$\{x_0 + k_n/d \mid (k \in \mathbb{Z})\}, \quad d = \gcd(a,n)$$

对于线性同余方程，先把它用拓展欧几里得方法求解，$ax \equiv b \pmod{n}$ 的方程可以等价于求 $ax = b + ny$ 的解，也就是 $ax - ny = b$，可以使用拓展 GCD 求解，对于无解的情况也一样，就是 $\gcd(a,n) \neq b$。

例 7　同余方程 (mod，1s，64MB)

【问题描述】

求关于 x 的同余方程 $ax \equiv 1 \pmod{b}$ 的最小正整数解。

【输入格式】

输入文件为 mod.in。

输入只有一行，包含两个正整数 a、b，用一个空格隔开。

【输出格式】

输出文件为 mod.out。

输出只有一行，包含一个正整数 x，即最小正整数解。输入数据保证一定有解。

```
Sample Input
3 10
Sample Output
7
Data Constraint
```

【数据限制】

对于 40% 的数据，$2 \leq b \leq 1000$；

对于 60% 的数据，$2 \leq b \leq 50\,000\,000$；

对于 100% 的数据，$2 \leq a,b \leq 2\,000\,000\,000$。

【参考程序】

```cpp
#include <cstdio>
#include <cstring>
#include <iostream>
using namespace std;
int a,b,x,y;
void gcd(int a,int b){
    int x1,y1;
    if ((a==1)&&(b==0)){
```

```
            x=1;y=0;return;
    }
    gcd(b,a%b);x1=x;y1=y;
    x=y1;
    y=x1-(a/b)*y1;
}
int main(){
    scanf("%d%d",&a,&b);
    gcd(a,b);
    x=(x%b+b)%b;
    printf("%d",x);
}
```

7.3 逆元问题

7.3.1 逆元问题的求解

逆元，通常指乘法逆元，在信息学中数论的模运算下有非常广泛的运用。对于式子 $a \equiv b(\bmod c)$，其中 $a,b \in \mathbf{Z}, c \in \mathbf{N}_+$，意为 a 除 c 的余数等于 b 除 c 的余数，也可以认为 $a-b$ 整除 c，读作 a 与 b 对模 c 同余。

对于 $ax \equiv 1(\bmod p)$，其中 $\gcd(a,p)=1$，则定义 x 是 a 的逆元，记为 $\mathrm{inv}(a)$ 或 a^{-1}，也可以说 x 是 a 在 $\bmod p$ 意义下的倒数。换句话说，a 乘 x 的积 $\bmod p$ 等于 1，则 x 是 a（在 $\bmod p$ 意义下）的逆元，同时 a 也是 x 的逆元。

一般的，已知正整数 a 的值以及 $ax=1$，则 $x=\dfrac{1}{a}$ 且 $x \in (0,1)$；但若在模意义下，已知正整数 a 的值并 $x \in \mathbf{N}_+$，以及 $ax \equiv 1(\bmod p)$，由于 x 是正整数，而 $\dfrac{1}{a}$ 是小数，此时 x 不再等于 $\dfrac{1}{a}$，但是 x 与 $\dfrac{1}{a}$ 在模意义下有着相同的作用，即 $a \cdot \dfrac{1}{a} \equiv a \cdot x \equiv 1(\bmod p)$，所以逆元又可以看作是模意义下的倒数。

对于正整数 a 与质数 p，$\gcd(a,p)=1$，则 a 对于 p 的逆元有无数多个，每一个逆元 x 均可满足 $ax \equiv 1(\bmod p)$，而小于 p 的逆元有且仅有一个，设该逆元为 x_0，则 a 的逆元集可表示为 $\{x \mid x=x_0+k \cdot p, k \in \mathbf{N}\}$；以下求逆元均为求最小逆元 x_0。

以下是四种快速求解逆元的重要方法，以下均默认已知 a 与质数 p 的值，且 $\gcd(a,p)=1$；否则若 a 与 p 不互质，则 a 对于 p 的逆元不存在。

1. 快速幂法

数论中有两个非常重要的定理：欧拉定理和费马小定理。

欧拉定理：若 $a,n \in \mathbf{N}_+$，且 $\gcd(a,n)=1$，则 $a^{\varphi(n)} \equiv 1(\bmod n)$。

费马小定理：若 $a,p \in \mathbf{N}_+$，p 是质数，且 $\gcd(a,p)=1$，则 $a^{p-1} \equiv 1(\bmod p)$。

(其中 $\varphi(n)$ 表示比正整数 n 小的且与 n 互质的数的个数)

这里不再展开两定理的具体证明，证明请参考前一节。可以知道当正整数 n 为质数时，$\varphi(n) = n-1$，即 n 与 1 到 $n-1$ 里的每一个数都互质，那么费马小定理是当 n 为质数时欧拉定理的特殊情况。

由逆元的定义得 $a \cdot \mathrm{inv}(a) \equiv 1(\bmod p)$，又由费马小定理 $a^{p-1} \equiv 1(\bmod p)$，则有 $a \cdot \mathrm{inv}(a) \equiv a^{p-1}(\bmod p)$，等式两边各除以 a，得到 $\mathrm{inv}(a) \equiv a^{p-2}(\bmod p)$。于是相当于 $\mathrm{inv}(a)$ 等于 a^{p-2} 的值模 p，这个值我们可以用快速幂快速求出，时间复杂度为 $O(\log p)$。参考代码如下：

```
long long qpow(long long x,long long y,long long mod)
{
        long long z=1;
    while (y)
    {
            if (y&1)z=z*x%mod;
            x=x*x%mod,y/=2;
    }
        return z;
}
long long inv(long long x,long long p)
{
    return qpow(x,p-2,p);
}
```

2. 扩展欧几里得法

数论中还有一条重要定理：裴蜀定理 (贝祖定理)，得名于法国数学家裴蜀。

裴蜀定理：若 $a,b \in \mathbf{Z}$，且 $\gcd(a,b)=d$，则 $x,y \in \mathbf{Z}$，一定有 $d \mid ax+by$。

裴蜀定理推论：整数 a、b 互质的充要条件是存在整数 x,y，使 $ax+by=1$。

换句话说，对于整数 a、b，总存在两个整数 x,y，使 $ax+by$ 能整除 $\gcd(a,b)$。这里同样也不展开该定理的具体证明。

由 $\gcd(a,p)=1$，代入裴蜀定理，则有 $ax+py=1$，等式两边各模 p，得到 $ax \bmod p + py \bmod p = 1 \bmod p$，又易知 $py \bmod p = 0$，则得到 $ax \bmod p = 1$，即 $ax \equiv 1(\bmod p)$，那么 x 就是 a 关于 p 的逆元。注意到使用扩展欧几里得算法可以求解 $ax+by=\gcd(a,b)$ 这类不定方程的 x,y，可以直接调用扩展欧几里得算法来得到 x，也就是 $\mathrm{inv}(a)$。

下面讲解一下扩展欧几里得算法的主要思想和流程，不了解普通辗转除法的读者请先了解普通欧几里得算法。

设 $ax+by=\gcd(a,b)$，递归到边界条件时即 $a=1,b=0$，$\gcd(a,b)=1$，则 $x=1,y=0$；但

$ab \neq 0$ 时，设 $ax_1 + by_1 = \gcd(a,b), bx_2 + (a \bmod b)y_2 = \gcd(b, a \bmod b)$，由 $\gcd(a,b) = \gcd(b, a \bmod b)$，得到 $ax_1 + by_1 = bx_2 + (a \bmod b)y_2$；其中模运算可以看成减法，即 $a \bmod b = a - \left\lfloor \dfrac{a}{b} \right\rfloor \cdot b$（其中 $\lfloor \ \rfloor$ 表示下取整运算），代入原来的式子 $ax_1 + by_1 = bx_2 + \left(a - \left\lfloor \dfrac{a}{b} \right\rfloor \cdot b\right)y_2 = ay_2 + bx_2 - \left\lfloor \dfrac{a}{b} \right\rfloor y_2$，则 $ax_1 + by_1 = ay_2 + bx_2 - \left\lfloor \dfrac{a}{b} \right\rfloor y_2$。观察上式，可以知道 $x_1 = y_2, y_1 = x_2 - \left\lfloor \dfrac{a}{b} \right\rfloor \cdot y_2$。注意到由于扩展欧几里得算法通过递归实现，则 x_2、y_2 的值已经知道，可以直接求出 x_1、y_1 的值。注意递归到边界条件时 x_1、y_1 可以直接得到，时间复杂度为 $O(\log_2 p)$。参考代码如下：

```
long long exgcd(long long a,long long b,long long &x,long long &y)
{
    if (b==0)
    {
        x=1,y=0;
        return a;
    }
    long long ans=exgcd(b,a%b,x,y),tmp=x;
    x=y,y=tmp-(a/b)*y;
    return ans;
}
```

对于求 a 对于 p 的逆元，用扩展欧几里得算法求得的 x（直接求得的 x 必须对 p 取模）就是 a 的逆元；直接调用 exgcd 函数也可求 a、b 的最大公约数。

3. 递归法

求逆元还有两种方法，都可以直接通过推式子得到。设 $x = p \bmod a, y = \left\lfloor \dfrac{p}{a} \right\rfloor$，易知 $(x + a \cdot y) \bmod p = p \bmod p = 0$，可得 $x \equiv -ay \pmod{p}$；两边各乘 a 的逆元，注意同余条件下相当于右边除去 a、左边乘 $\mathrm{inv}(a)$，则 $x \cdot \mathrm{inv}(a) \equiv -y \pmod{p}$；又可以知道 $-y \equiv p - y \pmod{p}$，则 $x \cdot \mathrm{inv}(a) \equiv p - y \pmod{p}$，两边再各乘 x 的逆元，和上一步相似，有 $\mathrm{inv}(a) \equiv (p-y) \cdot \mathrm{inv}(x) \pmod{p}$；把 $x = p \bmod a, y = \left\lfloor \dfrac{p}{a} \right\rfloor$ 代入上式，最后有 $\mathrm{inv}(a) \equiv \left(p - \left\lfloor \dfrac{p}{a} \right\rfloor\right) \cdot \mathrm{inv}(p \bmod a) \pmod{p}$，即知道 $\mathrm{inv}(p \bmod a)$ 就可以通过递归求出 $\mathrm{inv}(a)$，递归边界条件是 $\mathrm{inv}(1)=1$，因为 1 的逆元是 1。参考代码如下：

```
long long inv(long long a,long long p)
{
    a=a%p;
    if (a==1)return 1;
    return (p-p/a)*inv(p%a,p)%p;
}
```

4. 递推法

递推法基础是递归法，知道 inv(p mod a) 即可求出 inv(a)，又已知 inv(1)=1，则递归法的式子可以改成递推式。参考代码如下：

```
void init(int n)
{
    inv[1]=1ll;
    for (int i=2;i<=n;++i)inv[i]=(p-p/i)*inv[p%i]%p;
}
```

由代码可知递推法可以用 $O(n)$ 的时间复杂度求出 1 到 n 中每个数的逆元。

7.3.2 逆元的应用

1. 逆元应用模意义下的除法

模意义下的四则运算中，加减乘都满足 $a+b \equiv (a \bmod p)+(b \bmod p)(\bmod p)$，$a-b \equiv (a \bmod p)-(b \bmod p)(\bmod p)$，$ab \equiv (a \bmod p)(b \bmod p)(\bmod p)$，但是除法是不满足这种规律的，也就是 $\left\lfloor \dfrac{a}{b} \right\rfloor \bmod p \neq \left\lfloor \dfrac{a \bmod p}{b \bmod p} \right\rfloor \bmod p$。读者可以随意举几个例子代入检验该式是否成立。

是否对整数模意义下除法就没有办法了呢？由于在模意义下除以一个数 b 相当于乘上 inv(b)，因此 $\left\lfloor \dfrac{a}{b} \right\rfloor \equiv a \cdot \text{inv}(b)(\bmod p)$。由于很多时候我们不希望数据中有分数而导致精度差，因此在进行模意义下的除法便可以用乘法逆元来计算，具体就是除数乘上被除数的逆元即可。

2. 逆元与阶乘逆元

逆元与阶乘都可以用 $O(n)$ 的时间复杂度预处理，但有时候还需要知道阶乘的逆元，比如求组合数 $C_n^m = \dfrac{n!}{(n-m)!m!}$，除以 $(n-m)!$，$m!$ 均可以看作乘上 $(n-m)!$ 的逆元和乘上 $m!$ 的逆元。如何预处理阶乘的逆元？

有一个很简单自然的想法就是预处理出阶乘，然后每一个阶乘逆元都用快速幂法求得，即 inv($n!$)=($n!$)$^{p-2}$mod p，这样的时间复杂度是 $O(n\log_2 p)$，不够优秀，考虑更高效的做法。

对于整数 n，假设已知 inv(($n+1$)!)，可以把其看作 mod p 条件下的 $\dfrac{1}{(n+1)!}$，将该数乘上 $n+1$，即得到 $\dfrac{1}{n!}$，这个即为 mod p 意义下的 $n!$ 的逆元。就是说，inv($n!$)=($n+1$)·inv(($n+1$)!)mod p，那么最大的阶乘逆元可以用快速幂法求得，剩下的所有阶乘逆元可以用该式预处理，时间复杂度为 $O(n)$。参考代码如下：

```
void init(int n)
{
    fac[0]=facinv[0]=1;
```

```
for (int i=1;i<=n;++i)fac[i]=fac[i-1]*i%p;
facinv[n]=qpow(fac[n],p-2,p);
for (int i=n-1;i>=1;--i)facinv[i]=(i+1)*facinv[i+1]%p;
}
```

例8 排列计数 (count, 3s, 128MB)

【问题描述】

求有多少种长度为 n 的序列 A，满足以下条件：

(1) $1 \sim n$ 这 n 个数在序列中各出现了一次。

(2) 若第 i 个数 $A[i]$ 的值为 i，则称 i 是稳定的。序列恰好有 m 个数是稳定的，满足条件的序列可能很多，序列数对 10^9+7 取模。

【输入格式】

第 1 行一个数 T，表示有 T 组数据。

接下来 T 行，每行两个整数 n、m。

【输出格式】

输出 T 行，每行一个数，表示求出的序列数。

【输入样例】

```
5
1 0
1 1
5 2
100 50
10000 5000
```

【输出样例】

```
0
1
20
578028887
60695423
```

【数据范围】

测试点 1 ~ 3：$T=1000$，$n \leqslant 8$，$m \leqslant 8$；

测试点 4 ~ 6：$T=1000$，$n \leqslant 12$，$m \leqslant 12$；

测试点 7 ~ 9：$T=1000$，$n \leqslant 100$，$m \leqslant 100$；

测试点 10 ~ 12：$T=1000$，$n \leqslant 1000$，$m \leqslant 1000$；

测试点 13 ~ 14：$T=500\,000$，$n \leqslant 1000$，$m \leqslant 1000$；

测试点 15 ~ 20：$T=500\,000$，$n \leqslant 1\,000\,000$，$m \leqslant 1\,000\,000$。

【问题分析】

首先 n 个数有 m 个稳定但不确认顺序，所以有 C_n^m 种方案；剩下 $n-m$ 个数一定都不放在它们数值的位置上，就是 $n-m$ 个数全部错排的方案数。

设 $f[n]$ 表示 n 个数错排的方案数,假设前 $n-1$ 个数已经完全错排,现在加入 n,n 不能放在第 n 位上,如果把 n 放到第 k 位上,k 这个数若放在第 n 位上,剩下 $n-2$ 个数仍然错排;k 若不放在第 n 位上,那么除了 n 还有 $n-1$ 个数错排;这里的 k 有 $n-1$ 种取值,所以可以知道 $f[n]=(n-1)\times(f[n-2]+f[n-1])$。

答案即为 $C_n^m \times f[n-m]$。注意求组合数需要预处理阶乘和阶乘逆元,然后便可以解决问题。

【参考程序】

```
#include<stdio.h>
#include<string.h>
#include<algorithm>
#define MAX 1000000
#define mod 1000000007
#define ll long long
#define reg register ll
#define fo(i,a,b) for (reg i=a;i<=b;++i)
#define fd(i,a,b) for (reg i=a;i>=b;--i)
using namespace std;
ll f[MAX+5],fac[MAX+5],inv[MAX+5];
ll n,m,T;
inline ll read()
{
   ll x=0,f=1;char ch=getchar();
   while (ch<'0' || '9'<ch){if (ch=='-')f=-1;ch=getchar();}
   while ('0'<=ch && ch<='9')x=x*10+ch-'0',ch=getchar();
   return x*f;
}
inline ll pow(ll x,ll y)
{
   ll z=1;
   while (y)
   {
        if (y&1)z=z*x%mod;
        x=x*x,y>>=1;
   }
   return z;
}
inline ll C(ll m,ll n)
{
   return fac[n]*inv[m]%mod*inv[n-m]%mod;
}
int main()
{
   freopen("permutation.in","r",stdin);
```

```
freopen("permutation.out","w",stdout);
f[0]=1,f[1]=0,f[2]=1,fac[0]=1,inv[0]=inv[1]=1;
fo(i,1,MAX)fac[i]=fac[i-1]*i%mod;
fo(i,2,MAX)inv[i]=(mod-mod/i)*inv[mod%i]%mod;
fo(i,2,MAX)inv[i]=inv[i-1]*inv[i]%mod;
fo(i,3,MAX)f[i]=(i-1)*(f[i-1]+f[i-2])%mod;
T=read();
while (T--)
{
    n=read(),m=read();
    printf("%lld\n",C(m,n)*f[n-m]%mod);
}
return 0;
}
```

例9 同余方程 (mod, 1s, 128MB)

【问题描述】

求关于 x 的同余方程 $ax \equiv 1 \pmod{b}$ 的最小正整数解。

【输入格式】

输入文件为 mod.in。

输入只有一行，包含两个正整数 a、b，用一个空格隔开。

【输出格式】

输出文件为 mod.out。

输出只有一行，包含一个正整数 x，即最小正整数解。输入数据保证一定有解。

【输入样例】

3 10

【输出样例】

7

【数据范围】

对于 40% 的数据，$2 \leqslant b \leqslant 1000$；

对于 60% 的数据，$2 \leqslant b \leqslant 50\,000\,000$；

对于 100% 的数据，$2 \leqslant a, b \leqslant 2\,000\,000\,000$。

7.4 容斥原理

在小学或是初中我们一定都已经接触了这样的一个问题。

某校六(1)班有学生 45 人，每人在暑假里都参加体育训练队，其中参加足球队的有 25 人，参加排球队的有 22 人，参加游泳队的有 24 人，足球、排球都参加的有 12 人，足球、游泳都参加的有 9 人，排球、游泳都参加的有 8 人，问：三项都参加的有多少人？

这个问题我们应该非常熟悉了，解法是非常多的。这里介绍一种用一个非常直观的图来解决的方法，这是在高中必修一中讲解的文氏图(Venn)(见图 7-1)。

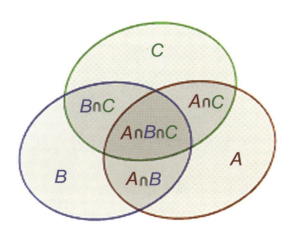

图 7-1 文氏图示例

由图 7-1 可见：总人数就对应着灰色的部分 ($A \cup B \cup C$)；参加足球的对应 A 圈 (A)；参加排球的对应 C 圈 (C)；参加游泳的对应 B 圈 (B)；足球、排球都参加的对应 A 和 C 的重合区域 ($A \cap C$)；足球、游泳都参加的对应 A 和 B 的重合区域 ($A \cap B$)；排球、游泳都参加的对应 C 和 B 的重合区域 ($C \cap B$)；三项都参加的对应 A 和 C 和 B 的重合区域 ($A \cap C \cap B$)。

那么我们就可以很轻易地发现，如果要求中间的数，可以利用这个图的重复关系来算：如果直接 $A+B+C$，那么 $A \cap C$、$C \cap B$、$A \cap B$ 就都多算了 1 遍，$A \cap C \cap B$ 多算了 2 遍。那么再减去 $A \cap C+C \cap B+A \cap B$，那么就会发现 $A \cap C \cap B$ 又少算了 1 遍。所以最后要加上 $A \cap C \cap B$。

所以可以列等式：$A+B+C-(A \cap C+C \cap B+A \cap B)+A \cap C \cap B=$ 总和。

换算一下：25+22+24-(12+9+8)+Ans=45。解方程即可。

这道题解决不算是什么，重要的是其中的思路方法。

我们可以发现，其中运用到了一个减去重复计算，加上过多减去的计算……的思路。其实这个就是最基础的容斥原理。

这个方法其实可以用一条式子来表示：

$$\left| \bigcup_{i=1}^{n} A_i \right| = \sum_{k=1}^{n} (-1)^{k-1} \sum_{1 \leq i_1 < i_2 < \cdots < i_k \leq n} |A_{i_1} \cap A_{i_2} \cap \cdots \cap A_{i_k}|$$

其中 $(-1)^x$ 叫作容斥系数，后面的求和符号则代表当前的贡献。

其实容斥原理的思路是非常简单的。下面我们来看两道例题来加深理解。

例 10 高中题 (problem，1s，256MB)

【问题描述】

分母是 1001 的最简分数一共有多少个？

【问题分析】

这一题实际上就是找分子中不能与 1001 进行约分的数。由于 1001=7×11×13，因此就是找不能被 7、11、13 整除的数。

那么我们就可以从 1 ~ 1000 里面找出被 7、11、13 整除的数是什么。所以我们可以计算：7 的倍数个数为 142，11 的倍数个数为 90，13 的倍数个数为 76，7 和 11 的倍数个数为 12，7 和 13 的倍数个数为 10，11 和 13 的倍数个数为 6，7 和 11 和 13 的倍数个数为 0。

所以答案即为 1000-142-90-76+12+10+6-0=720。

例 11　解方程 (equation, 1s, 256MB)

【问题描述】

给出一个方程：$x_1+x_2+x_3+x_4+x_5+x_6=20$，其中 $0 \leq x_i \leq 8$。

【问题分析】

首先，我们放开 $x_i \leq 8$ 的条件不看，那么总答案数就是相当于在 20 个球里面分出 6 堆。这个问题相当于挡板问题，转化一下问题模型即可变为：在 25 个位置中插入 5 块挡板。这样即可用组合数来计算：C_{25}^{5}。

但是这样会算出 $x>8$ 的情况。利用容斥思想来看就可以想到，把这些多出来的情况减去即可。那么考虑把某个数大于 8 的情况给减去。而这个计算其实依据上面思路做即可。这意味着我们可以先在某个堆里面加入 9 个球。所以变为在 16 个位置插入 5 块挡板：C_{16}^{5}。

但是这样依然会有问题。依据容斥原理思想：如果我们有两个 $x>8$ 的话，上面这样计算会重复计算一次。所以我们考虑再把它补回来。这个计算和上面是一样的。相当于在两个堆里面先加入了 9 个球，所以变为在 7 个位置插入 5 块挡板：C_{7}^{5}。

当然，由于某个数大于 8 的情况中，这个大于 8 的数是可以随意摆放位置的，两个大于 8 同理，所以答案要考虑上。因此总答案即为：$C_{25}^{5} - C_{6}^{1} * C_{16}^{5} + C_{6}^{2} * C_{7}^{5}$。

总结

容斥原理思想虽然非常简单，但是应用非常广阔。其衍生出来的算法也是非常多的。